채소 바이블

셰프처럼 채소를 요리하고 싶다면

채소 바이블

채소 소믈리에 최명규 · 이연재

THE
VEGETABLE
BIBLE

BOOKERS

Prologue

사람이 살아가기 위해서는 하루도 거르지 않고 무엇인가를 먹어야 합니다. 그 무엇은 채소와 과일, 그리고 곡물 등이지요. 물론 고기도 빠질 수는 없습니다. 소득의 증가와 환경의 변화는 살아가는 방법의 변화를 가져왔지만, 삶을 이어가는 데 가장 기본적인 조건인 '먹는 것' 그리고 '먹을 것'에 대한 본질은 변하지 않습니다. 영양 있고 맛있는 식재료를 현명하고 건강하게 먹을 수 있어야 하는 것이지요.

먹거리가 넘쳐나는 세상입니다. 국적을 가리지 않고 시간의 제약도 없이, 여러 가지 식재료들이 우리의 눈과 귀를 자극하고 있습니다. 늘 주위에 있고 쉽게 구입할 수 있어서인지, 때로 많은 사람들이 생명과 직결된 먹거리를 너무 가볍게 지나쳐 버리는 것은 아닌지 걱정스런 마음이 들 때도 있습니다.

'웰 빙'(well-being)은 바른 먹거리에서 시작합니다. '내가 먹는 이 음식이 어떤 식재료를 썼는지, 그리고 이 식재료들은 어디에서 어떤 과정을 거쳐 왔는지'를 아는 것이 중요한 까닭이지요.

《채소 바이블》은 그래서 채소의 삶을 들여다보려 합니다. 각각의 채소가 가진 역사와 특징, 채소를 고르고 손질하는 법, 보관법, 영양성분, 영양 손실을 최소화해 조리하는 방법 등을 상세히 설명하고자 했습니다. 이를 통해 채소에 대한 관심이 올바르고 건강한 식생활, 건강한 산지, 건강한 유통으로 이어져 채소의 재배부터 우리 식탁에 오르기까지의 여정에 선순환을 이끌어주기를 기대합니다. 진열대에 놓인 상품으로서의 채소가 아닌, 한 생명으로서의 채소의 가치를 느낄 수 있는 시간이 되었으면 좋겠습니다.

2022년 7월
최명규, 이연재

채소 기초 지식

채소는 무엇일까?

채소의 사전적 의미는 식용으로 재배하는 풀이다. 주로 밭에서 기르며 잎, 줄기, 뿌리, 열매 등을 생산한다. 한자의 채(菜)는 풀(艸), 손톱(爪), 나무(木)가 합쳐진 글자로 즉 '손으로 채취하는 풀'이라는 뜻이다. 소(蔬)는 풀(艸), 막힌 것이 트인다는(疏) 뜻이 합쳐진 글자로 '기운을 뚫어주는 풀'이라고 해석할 수 있는데, 예로부터 채소는 필수 비타민, 식이섬유, 무기질 등의 영양소가 풍부해 중요한 식량 공급원이 되었다.

채소의 종류와 분류

우리나라에서는 약 230여종의 채소를 식용으로 활용한다. 그중에서 상업적인 재배를 통해 유통시장에서 판매되는 것은 약 60여종이다. 채소를 분류하는 방법은 여러 가지이나 보통은 먹는 부위별로 크게 잎줄기채소, 뿌리채소, 열매채소로 분류한다. 우리나라의 경우 잎줄기채소, 뿌리채소, 열매채소, 조미채소, 서양채소, 기타 채소로 분류하고 있다. 이 책에서는 열매채소, 잎줄기채소, 뿌리채소, 산채(민속채소)와 버섯의 4가지로 구분하여 살펴본다.

열매채소	잎줄기채소		뿌리채소	산채와 버섯류	
	잎줄기	꽃		산채	버섯
열매를 이용하는 채소	잎과 줄기를 이용하는 채소	꽃봉오리를 이용하는 채소	영양소를 저장하는 뿌리를 이용하는 채소	산과 들에서 자생하는 채소	포자로 번식하는 균류
가지(→p.16)	배추(→p.72)	브로콜리(→p.106)	감자(→p.114)	고사리(→p.142)	느타리(→p.160)
토마토(→p.32)	시금치(→p.80)	콜리플라워 (→p.108)	당근(→p.120)	냉이(→p.145)	양송이(→p.163)
호박(→p.36)	셀러리(→p.78)		무(→p.124)	더덕(→p.146)	팽이(→p.164)

채소의 영양과 효능

음식은 각각의 영양적 특성에 따라 에너지원이 되는 것과 우리 몸을 구성하는 것으로 나눌 수 있다. 음식에 포함된 영양소는 100가지가 넘는데 그중 단백질, 지질, 탄수화물을 3대 영양소라고 하며, 이들은 주로 몸을 만들거나 움직이게 하는 에너지원이 된다. 여기에 비타민과 무기질(미네랄)을 더해 5대 영양소라고 하는데, 비타민과 무기질은 몸의 기능을 조절하는 데 사용된다. 채소는 비타민, 무기질, 식이섬유를 풍부하게 함유하는 식재료로, 체내의 기능을 원활하게 함으로써 우리 몸에 활력소를 불어 넣는다. 채소 'Vegetable'은 라틴어 'Vegeto'에서 유래한 말로 활력과 생기를 의미한다.

1. 비타민 공급
비타민은 대부분 몸속에서 만들어지지 않아 외부에서 공급받아야 한다. 주로 채소가 이 역할을 담당하는데, 특히 비타민 A와 비타민 C의 중요한 공급원이 채소이다.

• 비타민 A (지용성)
색이 진한 채소에 많이 들어있다. 채소에는 베타카로틴의 형태로 포함되어 있으며 체내에 흡수되면서 비타민 A로 대체된다. 눈 건강에 필수적인 비타민으로 시력을 유지하는 데 도움을 준다.

• 비타민 D (지용성)
칼슘의 흡수를 도와주고 혈액과 근육 내의 칼슘 농도를 유지하는 역할을 한다. 비타민 D가 부족하면 골다공증의 원인이 된다. 비타민 D는 음식물 섭취뿐만 아니라 햇빛을 통해서도 얻을 수 있다. 목이버섯이나 말린 표고버섯에 많이 들어있으며 일반 채소에서는 보기 힘든 비타민이다.

• 비타민 E (지용성)
아스파라거스, 셀러리, 브로콜리에 많은 비타민. 체내 산화를 막는 항산화 작용이 뛰어나 혈관 노화와 암 예방에 효과적이다. 또 LDL(저밀도 콜레스테롤)의 산화를 막아 동맥경화도 예방한다.

• 비타민 K (지용성)
녹황색 채소에 많이 들어있는 비타민이다. 혈액의 응고 작용을 돕는다. 또 칼슘이 뼈에 잘 흡수되도록 한다.

• 비타민 U
양배추에 풍부한 영양소로 점막재생을 촉진한다. 비타민 U가 부족할 경우 위궤양이 발생할 수 있고, 상처 회복도 더뎌진다.

• 비타민 C (수용성)
채소와 과일에 풍부한 비타민. 면역시스템을 강화하고 감기에도 효과적이다. 뼈, 치아, 혈관 건강의 유지에 필수적인 콜라겐 생성을 도와주고, 단백질과 지질 산화를 막는 항산화 작용도 탁월하다.

• 비타민 B군
B1(티아민), B2(리보플라빈), B3(니아신), B5(판토텐산), B6(피리독신), B7(비오틴), B9(엽산), B12(코발라민)까지 총 8개의 수용성 비타민으로 구성되어 있다. 면역체계를 강화하고 심장질환 및 암을 예방하며, 신경계 기능을 강화하고 신진대사 촉진을 돕는다.

2. 무기질 공급

사람에게 필요한 무기질은 칼슘, 인, 마그네슘, 철분, 칼륨 등의 20여종으로 채소에는 이보다 많은 종류의 무기질이 함유되어 있다.

- 칼슘

치아와 뼈를 형성하는 영양소. 신경의 정보전달을 원활히 하고 근육의 수축, 호르몬의 분비, 혈액의 응고 작용에도 중요한 역할을 한다. 유제품이나 생선 등에 많지만 무를 비롯한 채소에도 포함되어 있다.

- 인

세포 내의 핵단백질을 구성하고 에너지를 생성하는 데 도움을 준다. 칼슘 다음으로 무기질 중 높은 비중을 차지한다.

- 마그네슘

스트레스를 해소하고 근육과 신경의 흐름에 관여하는 영양소. 녹색 잎채소에 많이 들어있다. 소화불량을 완화하고 변비를 예방하는 효과도 있다.

- 나트륨

몸속 수분을 저장하도록 하는 영양소. 근육의 수축을 돕고 체내의 수분 농도를 맞춘다. 채소에는 아주 미량만이 들어 있다.

- 칼륨

체내 수분을 조절하고 세포의 성장과 혈압에 작용하는 영양소로 대부분의 채소에 들어있다. 데치거나 삶으면 칼륨이 빠져나간다.

- 철

혈액을 통한 산소의 이동과 저장에 관여하는 영양소로, 섭취량에 비해 흡수량이 낮아 비타민 C와 같이 섭취하면 좋다.

3. 알칼리 식품인 채소

인체의 체액은 중성에서 약알칼리성을 유지하는 것이 바람직하다. 채소는 나트륨, 칼륨, 마그네슘, 칼슘, 철분 등 알칼리성 성분이 많은 식품으로 건강유지에 도움을 준다.

그 밖에도 폴리페놀, 플라보노이드, 루틴, 뮤신 등의 영양소를 포함하고 있으며, 다양한 맛과 색, 향기를 가지고 있어 사람의 오감 만족도를 높여준다. 다만 채소는 곤충, 곰팡이 같은 각종 위협으로부터 방어하기 위한 독성 물질을 가지고 있는 경우도 있는데, 적절한 조리를 통해 이를 비활성화 하면 크게 문제는 없으니 손질 및 조리법을 알아두는 것이 좋다.

이 책을 읽는 방법

❶ 채소의 명칭

❷ 채소의 기초 정보
   주요 영양성분, 열량, 제철, 보관법 등

❸ 채소 사진

❹ 해설
   채소의 역사와 재배 특성, 효능 등

❺ 품종 정보

❻ 채소의 손질 및 보관

❼ 채소별로 적합한 요리와 사용법, 대표적인 요리 소개

❽ 채소를 활용한 요리 레시피

차례 Contents

Prologue	005
채소 기초 지식	006
이 책을 읽는 방법	009

Chapter 01
열매채소

가지	016
고추	019
여주	024
오이	026
오크라	028
옥수수	030
토마토	032
호박	036
딸기	040
멜론	042
수박	044

참외	046
완두	048
콩나물	050
숙주	051

Column 01
채소로 만든
건강주스 레시피

052

Chapter 02
잎줄기채소

● 잎줄기

갓	056
고수	058
근대	060
달래	062
돌나물	064

마늘	066
머위	068
미나리	070
배추	072
부추	074
상추	076
셀러리	078
시금치	080
쑥갓	083
아스파라거스	084
아욱	086
양배추	088
유채	091
잎들깨	092
파	094
양파	096
파슬리	098
겨자채	100

루콜라	101
신선초	102
엔디브	103
청경채	104
케일	105

● 꽃

브로콜리	106
콜리플라워	108

Column 02
요리에 맛과 향을 더하는
허브채소

110

Chapter 03
뿌리채소

감자	114
고구마	117
당근	120
마	122
무	124
생강	128
연근	130
우엉	132
토란	134

Column 03
채소를 활용한
드레싱 레시피

136

Chapter 04
산채&버섯류

● 산채

고들빼기	140
고려엉겅퀴(곤드레)	141
고사리	142
곰취	144
냉이	145
더덕	146
도라지	148
두릅	150
방풍	152
비름	153
산마늘(명이나물)	154
원추리	155
죽순	156
참나물	158

● 버섯

큰느타리(새송이)	159
느타리	160
만가닥	161
목이	162
양송이	163
팽이	164
표고	165

Column 04
집에서 키우기 좋은
채소 5가지

166

부록1 채소의 유통

채소가 자라 식탁에 오르기까지

168

부록2 채소의 안전성

건강한 먹거리를 위한 과정

170

채소의 제철 캘린더	172
일람표	176
용어설명	178
참고문헌	180
사진출처	181

Chapter 01

열매채소

열매를 이용하는 채소로 일명 '과채'라고도 한다.

가지
고추
여주
오이
오크라
옥수수
토마토
호박
딸기
멜론
수박
참외

콩류

완두
콩나물
숙주

eggplant
가지

담백한 맛과 부드러운 촉감으로 인기

주요 영양성분
비타민 B1, B2, 칼륨, 칼슘, 철, 히아신, 나스닌, 크로로겐산

열량
19kcal | 100g (생것)
290kcal | 100g (말린것)

맛있는 시기
6~8월

보관
실온 보관. 냉장 보관 시 비닐 등으로 싸서 보관.

원산지는 인도로 우리나라에는 중국을 통해 들어왔다. 신라 시대에 이미 가지를 재배하고 있었다는 기록이 《해동역사》에 남아 있을 정도로 그 역사가 오래된 채소다. 생김새에 따라 공 모양, 달걀 모양, 긴 모양 등으로 구분하며, 색깔도 보라색, 흰색, 녹색, 적색, 황색 등으로 다양하다. 우리나라에서는 주로 보라색을 띠는 긴 모양의 가지를 재배한다.
가지는 칼륨, 칼슘, 철분을 비롯한 무기질과 비타민B1, B2가 풍부하다. 특히 수분과 칼륨이 다량 함유되어 있어(수분 함량은 무려 90% 이상) 이뇨 작용을 촉진하여 노폐물 배출을 도와준다. 가지의 보라색 껍질에는 안토시아닌계 색소인 히아신과 나스닌이 풍부하여 혈관의 노폐물을 제거하고, 과육에는 크로로겐산이 함유되어 항산화 및 항암 작용을 한다. 또 경련 억제의 성질을 지닌 스코폴레틴과 스코파론 성분이 함유되어 있어 신경 안정에 영향을 주고 근육 경련과 통증을 완화한다.

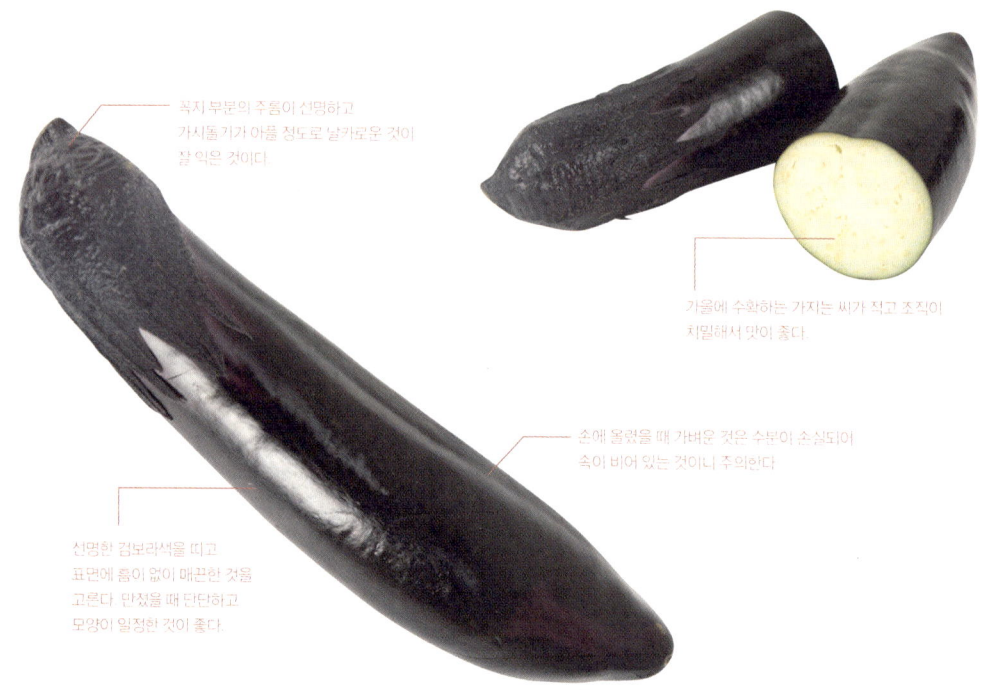

꼭지 부분의 주름이 선명하고 가시돌기가 아플 정도로 날카로운 것이 잘 익은 것이다.

가을에 수확하는 가지는 씨가 적고 조직이 치밀해서 맛이 좋다.

손에 올렸을 때 가벼운 것은 수분이 손실되어 속이 비어 있는 것이니 주의한다.

선명한 검보라색을 띠고 표면에 흠이 없이 매끈한 것을 고른다. 만졌을 때 단단하고 모양이 일정한 것이 좋다.

열매

🌱 품종　　🌱 생김새

긴 모양

달걀 모양

공 모양

🌱 색깔

보라색

흰색

녹색

🌱 손질 및 보관

가지는 꼭지만 제거하여 껍질째 먹는 채소로, 깨끗이 씻어 용도에 맞게 사용한다. 저온에 약하므로 실온 보관하는 것이 좋다. 8℃ 이하의 온도에서는 가지 속살이 검게 변하기 쉬우니 주의한다. 냉장 보관할 때는 비닐봉지에 싸서 보관하고 시들기 전에 사용한다. 굵게 잘라서 소금에 절여 물을 빼고 냉동 보관하거나 세로로 얇게 썰어 햇볕에 널어 말린 후 건나물로 사용하기도 한다.

✱ 가지의 변색은 클로로겐산 때문

가지를 자르면 금세 색이 변하는데, 이는 가지의 과육에 쓴맛 성분인 클로로겐산이 함유되어 있기 때문이다. 자른 가지를 물에 담가 변색을 방지하기도 하지만 몸에 좋은 클로로겐산이 제거된다는 사실!

✱ 알을 낳는다?

가지의 영어 이름은 알(egg)을 낳는 식물(plant) 또는 알 같이 생긴 식물이라는 뜻의 Eggplant이다. 우리나라는 길쭉한 보라색 가지를 주로 이용하기 때문에 이를 의아해 할 수 있지만, 유럽에서는 알처럼 생긴 흰색 가지가 보편적이었기 때문에 이러한 이름이 붙여진 것. 우리나라도 '백가지'로 불린 흰색 가지를 주머니에 넣고 노리개로 활용하며 '깨지지 않는 달걀'이라고 이야기하기도 했다.

✱ 말린 가지

채반에 널어 햇볕에 말리면 풍미가 올라간다. 수분을 완전히 제거해 건나물이 되면 장기보존도 가능하다. 물에 불려 조림으로 이용하거나 국물 재료로 사용한다.

🌱 가지는 지용성 채소

특유의 부드러운 식감이 특징인 가지는 리소토, 라자냐, 파스타 등의 이탈리안 요리나 중식과 일식 요리에도 많이 활용된다. 스테이크 등에 곁들여 먹기도 한다. 우리나라에서는 주로 나물류나 찜, 김치 등에 활용된다.
지용성 채소로 기름에 볶거나 튀겨 먹는 것이 좋다. 기름과 함께 조리하면 리놀산과 비타민E의 흡수율을 높여준다. 또 찬 성질이 있어 생강이나 고추처럼 따뜻한 성질의 재료와 함께 조리하면 이를 보완할 수 있고, 혈액 속 콜레스테롤을 낮추는 효과가 있어 육류에 곁들여 먹으면 좋다.

Recipe

들깨소스 닭 안심 가지말이

🍴 Ingredients

당근 1/3개
다진 당근 3T
감자 1/4개
가지 1개
쪽파 2~3줄기
닭 안심 4덩이
들깨가루 1/2C
소금·후추 약간
파마산 치즈 50g
식물성 오일

✧ 매운 소스
청양고추 6개
통마늘 6알
페페론치노 5개
치킨스톡 1T
고춧가루 1/2T
파인애플 통조림 1조각
파인애플 용액 3T

🍴 How to

1. 식물성 오일에 잘게 다진 감자, 당근, 양파를 넣어 볶다가 기호에 맞게 매운 소스를 추가한다.
2. 들깨가루를 넣고 빠르게 섞어 되직해질 때쯤 불을 끄고 소금 간을 한다.
3. 필러로 가지를 길게 슬라이스하고 소금을 약간 뿌려둔다.
4. 당근은 채 썰고 안심은 얇고 길쭉하게 저민 다음, 소금과 후추를 약간 뿌린다.
5. 가지슬라이스에 당근 채와 안심을 넣고 탄탄하게 말아 오븐용 그릇에 들깨소스를 담고 그 위에 가지안심 롤을 둥글게 돌려 담는다.
6. 치즈가루를 듬뿍 뿌린 후 오븐에서 190℃로 15분간 노릇하게 익혀 쪽파를 올려낸다.

- 닭 안심 대신 시중에 판매하는 닭 가슴살이나 소시지로 대체해도 좋다.
- 들깨가루는 껍질을 제거해 거친 맛이 없는 것을 권장한다.
- 치즈는 파르미지아노 또는 페코리노 등 짭짤한 종류를 사용한다.

열매

Chilli Pepper

고추

맵지만 짜릿한 맛으로 인기

주요 영양성분
캡사이신, 카로텐, 비타민 A, C, E, K

열량
23kcal | 100g (오이고추 생것)
31kcal | 100g (청양고추 생것)
29kcal | 100g (풋고추 생것)
33kcal | 100g (꽈리고추 생것)

맛있는 시기
6~10월

보관
세척하지 않고 비닐 팩에 넣어 냉장보관. 장기 보관 시 용도에 맞게 썰어서 냉동보관.

원산지는 남아메리카로, 멕시코에서는 기원전 3300년경부터 재배했다고 한다. 15세기에 유럽에 전해졌고 16세기경 일본에 전파되었다. 우리나라에는 임진왜란 전후로 일본으로부터 도입되었다는 설이 일반적이다. 《지봉유설》에 '남만초', '왜개자'라는 명칭으로 고추를 재배한 기록이 남아있다. 생긴 모양에 따라 녹광형, 청양형, 꽈리형, 할라페뇨형, 오이형으로 구분한다.

고추에는 단백질과 지질, 당질과 섬유질 등의 탄수화물, 칼슘, 칼륨, 나트륨, 철분, 인 등의 무기질, 비타민 A, C, E, K 등이 골고루 들어있다. 고추의 붉은색은 대표적인 항산화 성분인 카로텐 덕분이며, 특유의 매운맛을 나타내는 캡사이신은 항균, 항암, 항비만, 항동맥경화, 항통증 작용을 한다. 또한, 입안과 위를 자극해 체액의 분비를 촉진하고 식욕을 돋우며 혈액순환에도 도움을 주고, 천연 진통제인 엔도르핀 분비를 촉진 시켜 스트레스를 줄여준다.

종류에 따라 매운 정도와 용도가 다양하다.

꼭지 주위가 검게 보이거나 과피가 수분이 빠져 쭈글쭈글해진 것은 피한다.

청양 고추는 과피가 약간 말랑한 것이 덜 맵다.

모양과 크기가 고르고, 고유의 색과 윤기를 가진 것이 좋다.
꽈리 고추를 제외하면 과피를 눌렀을 때 탄력이 있는 것이 좋다.

🌱 품종

고추는 생김새에 따라 녹광형, 청양형, 꽈리형, 할라페뇨형, 오이형으로 구분할 수 있다.

녹광형

우리나라에서 재배하는 대표적인 고추로 매운맛이 적당하고 빛깔이 좋다. 풋고추나 홍고추를 생식으로 먹거나 다양한 요리에 사용된다.

청양형

고유의 얼큰한 매운맛과 감칠맛이 특징이다. 우리나라의 다른 고추품종에 비해 캡사이신이 많이 함유되어 있어 상대적으로 맵다. 외국의 매운맛 고추에 비해 깔끔한 맛이 난다.

꽈리형

표면이 쭈글쭈글하고 식감이 부드러워 조림용으로 주로 이용한다. 매운맛이 강하지 않고 꼬들꼬들한 식감이 특징이다.

할라페뇨형

과피가 두껍고 과육이 치밀하여 아삭한 식감이 난다. 매운맛이 적당하여 생식용과 절임용으로 많이 이용된다.

오이형

매운맛이 약하고 고유의 향이 많아 생식용 풋고추로 주로 이용되며 과육이 많고 아삭한 식감 때문에 '아삭이고추'로도 불린다.

✳ 스코빌 지수 (SHU; Scoville Heat Unit)

미국의 화학자 스코빌이 고추의 매운 정도를 나타내기 위해 개발한 것이다. 고추 추출물의 매운맛이 느껴지지 않으려면 설탕물을 몇 배로 희석해야 하는지를 나타내는 수치다. 원래는 사람이 직접 맛을 봐서 측정했으나 개인의 주관이 개입되어 기준이 정확하지 않다는 이유로 최근에는 기계로 캡사이신의 양을 측정한다.

고추의 매운맛을 내는 성분인 캡사이신 자체는 1,500~1,600만SHU이고, 청양고추는 4,000~10,000SHU, 태국의 쥐똥고추는 50,000~70,000SHU 정도이다. 혼이 나갈 정도로 맵다고 하여 인도에서 유령 고추(ghost chilli)로 불리기도 하는 부트졸로키아는 100만SHU 정도이다. 스코빌 지수는 같은 품종이라도 생육 환경 등에 따라 열 배 이상 차이가 나는 경우가 꽤 흔하다.

고추를 먹으면 느끼는 매운맛은 사실 맛이 아니라 혀가 느끼는 통증이다. 이 통증을 잊기 위해 엔돌핀이 분비되면서 스트레스가 풀리는 듯한 상쾌한 기분을 느끼게 된다.

❤ 손질 및 보관

꼭지를 제거한 후 흐르는 물에 깨끗이 씻어 조리법과 용도에 맞게 사용한다. 씨를 제거할 때는 꼭지 부분을 잘라낸 후 손바닥으로 고추를 누르듯이 비벼주면 안에 있는 씨가 떨어져 나온다. 보관 시에는 씻지 않고 신문지나 키친타월로 잘 싸서 비닐 팩에 넣어 냉장 보관한다. 장기간 보관해야 할 경우, 씨를 제거하고 용도에 맞게 썰어서 얼린 후 밀폐용기나 지퍼백에 담아 냉동 보관한다.

❤ 더 맛있게 먹는 방법

매운맛을 내는 대표적인 향신 채소인 고추는 풋고추, 청양고추, 꽈리고추, 아삭이 고추 등 종류에 따라 매운 정도와 용도가 매우 다양하다. 풋고추의 경우 날로 먹기도 하고 장에 절이거나 장아찌로 만들어 먹기도 한다. 그 외에도 조림, 전, 잡채, 튀김 등 다양하게 이용된다. 홍고추의 경우 생으로도 이용하지만 대부분은 말려서 고춧가루나 실고추로 만들어 양념으로 많이 이용되고, 꽈리 고추는 볶음이나 조림, 찜, 산적이나 꼬치구이로 이용한다.

✱ 중국에서는 부적으로도 사용

중국에서는 고추의 붉은색과 매운맛을 태양이나 불의 상징으로 여기며 잡귀를 쫓아준다고 생각해 부적이나 액막이로 쓰는 경우가 많다. 풍수적으로도 빨간색은 '잡귀를 쫓는 부적'을 의미하므로 고추 장식을 현관에 매달아두면 잡귀를 쫓아내고 행운을 불러들인다고 믿었다.

✱ 고추를 활용한 여러 가지 상품

왼쪽부터 고추장(한국), 타바스코 핫소스(미국), 후이펑 스리라차 소스(태국), 쓰촨두반장(중국), 서든데스 핫소스(코스타리카).

✱ 가열하면 비타민 A가 활성화

고추는 비타민 A를 다량 함유하고 있다. 비타민 A는 열에 안정적이어서 조림이나 볶음 요리를 할 때 더욱 활성화된다.

피망 Piment / 파프리카 Paprika

피망은 스페인어 '피멘토'의 프랑스어 발음으로, 원래는 '자극적인 향신료'라는 의미이다. 파프리카는 그리스어 '페페리'에서 유래한 명칭으로, 사실 피망과 파프리카는 모두 식물분류학적으로 같은 작물이다. 우리나라 원예학회에서는 매운맛 고추와 구분하기 위해 피망은 '단고추'로, 색이 다양한 파프리카는 '착색 단고추'로 분류하였다.

우리나라에서는 피망과 파프리카 모두 신선 채소로 이용하고 있으나 유럽에서는 파프리카를 건조하여 분말로 만들어, 요리에 색과 향을 더하는 데 사용하며 다양한 품종이 개발되어 있다.

❋ 피망

과피가 두껍고 육질이 단단한 것이 신선한 것이다

선명한 녹색으로 껍질이 탄력 있고 윤기가 나는 것을 고른다.

❋ 품종 개량으로 쓴맛을 줄여

최근 피망은 품종 개량을 통해 쓴맛을 줄였기 때문에 샐러드 등의 생식으로 먹으면 좋다. 비타민 C를 충분히 섭취할 수 있다.

❋ 색깔별 특징

- 홍피망 활성산소 억제, 노화 방지
- 청피망 유기질과 철분이 풍부

❋ 파프리카

꼭지 부분이 선명한 녹색으로 윤기가 나는 것이 좋다

과피가 두껍고 육질이 부드러운 것이 좋다. 껍질에 주름이 있는 것은 신선도가 떨어진 것이다.

미니 파프리카

❋ 색깔별로 맛과 효능이 다르다

- 빨강 비타민 풍부, 성장 촉진, 면역력 향상
- 주황 피부미용 효과, 감기 예방
- 노랑 스트레스 해소, 노화 방지

🍁 피망과 파프리카의 구분

피망	파프리카

• '서양고추'인 피망은 고추와 달리 매운맛이 적고, 약간 단맛이 난다.
• 육질이 질긴 편이다.
• 샐러리와 함께 섭취하면 고혈압 개선에 좋다.
• 끝이 뾰족하고 길쭉하며 과피가 얇다.
• 보관온도는 1~5℃, 보관일은 약 7일이다.
• 피망의 열량은 다음과 같다.
  – 28kcal, 피망, 빨간색, 생것 (100g)
  – 22kcal, 피망, 초록색, 생것 (100g)
• 비타민과 무기질, 식이섬유가 풍부하다.
• 수분 함량이 적어 피자 재료로 사용된다.
• 볶음 등 주로 익혀서 먹는다.
	• 색깔별로 다양한 향과 맛을 지니며, 피망보다 덜 맵고 단맛이 강하다.
	• 아삭한 식감으로 샐러드나 생식으로 먹는 편이다.
	• 식용유와 함께 섭취하면 비타민 A의 흡수를 돕는다.
	• 주름 없이 매끈하며 밑이 평평하다. 과피가 두툼하며 피망보다 크다.
	• 보관온도는 1~5℃, 보관일은 약 5일이다.
	• 파프리카의 열량은 다음과 같다.
	  – 24kcal, 파프리카, 노란색, 생것 (100g)
	  – 26kcal, 파프리카, 빨간색, 생것 (100g)
	  – 24kcal, 파프리카, 주황색, 생것 (100g)
	  – 14kcal, 파프리카, 초록색, 생것 (100g)
	• 비타민과 무기질, 식이섬유가 풍부하다. 특히 비타민 C는 피망의 2배, 딸기의 4배이다.
	• 수분이 많아 중량이 높다.

🍁 껍질 쉽게 벗기기

통째로 구운 파프리카를 비닐에 넣고 살짝 뜸을 들이면 껍질이 쉽게 벗겨진다.

🍁 용도에 따라 파프리카를 구매

파프리카를 뒤집어 보았을 때 봉우리가 4쪽으로 갈라진 것과 3쪽으로 갈라진 것이 있는데, 4쪽으로 갈라진 것은 단맛이 많아 샐러드로 먹기 좋고, 3쪽으로 갈라진 것은 단단해서 볶음용으로 좋다.

🍁 빨간 파프리카로 만드는 향신료

파프리카는 빨간 열매의 씨를 제거해 건조시킨 후 가루를 내어 향신료로 사용한다. 고추와 풍미가 비슷하지만 더 부드럽고 순해서 많은 양을 넣어도 음식 맛을 해치지 않는다. 조리한 후에도 붉은색이 사라지지 않으므로 요리에 색을 내는 착색 향신료로 이용된다.

Bitter gourd; balsam pear

여주(쓴오이)

도깨비방망이를 닮은 아열대 채소

주요 영양성분
비타민 B1, B2, C, 엽산, 칼륨, 모모르데신, 카란틴, 펩티드P

열량
22kcal | 100g

맛있는 시기
6~8월

보관
신문지에 싸서 냉장고 신선실에 보관한다.

아열대 작물로 인도, 동남아시아, 중국 등지에서 주로 재배된다. 우리나라에는 중국을 통해 조선후기쯤 들어온 것으로 추측된다. 쓴맛과 생긴 모양이 오이와 비슷하다 하여 '쓴오이'로 부르기도 한다. 익지 않은 녹색 열매를 요리하거나 차로 마신다. 생긴 모양과 형태가 다양하며 열매 색은 진녹색과 연녹색, 백색이다. 표면에 돋아난 돌기 모양 역시 둥근 것과 뾰족한 것이 있다.

칼륨, 인, 철분 등의 무기질과 비타민 B1, B2, C, 엽산이 풍부하게 함유되어 있어 피로회복과 면역력 강화에 도움이 된다. 여주 열매와 잎에는 쓴맛을 내는 원인물질인 모모르데신 성분이 함유되어 있어 소화액 분비를 도와 장 기능을 개선하며, 혈중 콜레스테롤 수치 조절에도 도움을 준다. 또 당뇨, 고혈압, 성인병에 좋은 카란틴과 식물인슐린(펩티드P)도 다량 함유되어 있다.

돌기가 촘촘하고 껍질이 진한 녹색을 띠며 굵기가 고르고 들었을 때 묵직한 것이 좋다

여주 씨에는 구토나 설사를 유발할 수 있는 쿠쿠르비타신 성분이 함유되어 있으므로 제거하고 먹는 것이 좋다.

✱ 녹색 열매를 구매

익지 않은 녹색이 쓴맛이 강하고 영양이 뛰어나다. 다 익어 짙은 주황색을 띠면 달콤한 맛이 나지만 과숙한 것이라 수분함량이 낮고 갈라짐 현상이 발생하기도 한다. 숙성된 여주는 쉽게 상하고 약효도 줄어드니 녹색 열매를 구입하는 것을 추천!

✱ 붉어진 씨

숙성된 주황색의 여주 씨는 새빨간 과육으로 둘러싸이는데, 이 과육은 매우 달콤해서 간식으로 먹기도 했다. 주로 말려서 먹으며 강장 효과가 있다.

❦ 손질 및 보관

흐르는 물에 깨끗이 씻은 후 세로로 반을 갈라 씨와 속을 제거하고 반달형으로 얇게 썰어 조리한다. 속을 파낸 여주를 썰어 소금물에 10분 정도 담가두면 쓴맛이 용출된다. 다만, 여주에 함유된 비타민 C는 수용성이므로 먹기 직전에 손질하는 것이 좋다. 쓴맛이 나는 속은 도려내어 사용한다. 저장 시에도 마찬가지.

생으로 보관할 경우에는 종이나 신문에 싸서 수분이 빠져나가지 않도록 한다. 10℃ 정도의 온도 및 냉장고 신선실에 보관한다. 장기간 보관할 때는 용도에 맞게 썰어 냉동 보관한다.

- 여주는 아열대 과채류이므로 너무 낮은 온도에서 보관하면 쉽게 무른다.
- 7℃ 이하의 낮은 온도에서 보관하는 것은 피한다.

❦ 데치거나 구워서 쓴맛을 완화

소금에 문질러서 끓는 물에 데치거나 불에 구우면 쓴맛이 약해진다. 볶음으로 먹을 때는 조리시간을 짧게 해 아삭거리는 식감을 살린다. 그 외에도 장아찌, 여수 가루 등으로 만들이 먹거나 즙 또는 환 등의 건강식품으로 섭취한다.

✱ 텃밭에서 키우기

독특한 모양과 붉은 과육은 관상용으로도 제격이다. 종자를 직접 심어도 되지만 묘를 구입해서 심으면 초기 생육이 좋아 잘 자란다. 5월 상순경 물 빠짐이 좋은 밭에 60×30cm 간격으로 심고 지주를 세워 덩굴이 올라갈 수 있게 한다. 6월이 되면 꽃이 피고 그로부터 20일 정도 후에 어린 열매를 수확해 식재료로 이용한다. 다 익은 열매도 차를 비롯해 여러 가공식품으로 활용할 수 있다.

Cucumber

오이

수분가득 갈증해소에 탁월

주요 영양성분
베타카로틴, 비타민 B1, B2, C, 카페인산,
이소쿼르시트린, 규소

열량
13kcal | 100g (취청오이 생것)
14kcal | 100g (다다기 오이 생것)

맛있는 시기
3~10월

보관
건조와 저온에 취약하므로 비닐이나 랩으로
싸서 꼭지 부분을 위로 세워 냉장보관.

오이의 원산지는 인도로, 세계 각국으로 전파되어 그 지역의 기후에 알맞게 다양한 형태로 분화되었다. 《고려사》의 기록에 따르면, 우리나라는 삼국시대부터 오이를 재배한 것으로 추측된다.

우리나라는 시설재배를 통해 오이를 연중 생산하며, 재배 품종을 크게 4가지로 분류한다. 남부지방에서 주로 겨울철에 재배하는 취청오이, 중부지방에서 주로 봄과 가을에 재배하는 다다기 오이, 남부지방에서 봄부터 여름까지 재배하는 가시오이, 강원도 일부지방 및 내륙 산간지방에서 여름철에 재배하는 청풍오이다. 이밖에도 피클용 오이 같은 유럽종과 다양한 교잡품종이 있다.

오이는 칼륨, 칼슘, 인 등의 무기질과 비타민 B1, B2, C를 함유하고 있다. 또 베타카로틴과 카페인산 등 항산화성분과 이뇨 효과가 큰 이소쿼르시트린 성분이 있으며, 껍질에는 비타민과 미네랄의 흡수를 돕는 규소 성분이 풍부하다.

색이 선명하고 머리부터 끝부분까지 굵기가 일정하고 곧은 것이 좋다. 만졌을 때 단단한 것이 신선하다.

가시를 눌렀을 때 아프지 않다면 신선도가 떨어진 상태이다.

너무 굵은 오이는 씨가 많이 들어있어 대부분 맛이 없다.

✱ 오이의 껍질색

오이의 껍질색은 녹색, 암녹색, 반(半)백색의 3가지 계통으로 나뉘며, 표면에 가시가 있는 것과 없는 것이 있다. 가시의 색도 백색과 흑색이 있다. 보통 생으로 먹거나 무침, 절임, 피클 등으로 이용한다.

✱ 피부미용에도 좋은 오이

오이를 슬라이스 하여 마사지를 하는 것 외에도, 갈아낸 오이를 거즈에 싸서 얼굴 전체를 톡톡 눌러준다. 스킨 대신 활용한다. 홍조를 완화하고 수분을 보충해준다. 화상에도 효과가 있다.

🌿 품종

백오이

취청오이

가시오이

다다기 오이. 향이 풍부하고 아삭한 식감이 일품이다. 육질이 단단해 쉽게 물러지지 않아 생식용은 물론 절임류와 소박이에 적합하다.

전체가 초록색을 띠며, 껍질이 다다기 오이에 비해 질긴 편이다. 가시는 흑색이며 생식이나 무침, 생채 등에 적합하다.

취청오이에 비해 침이 있는 돌기가 튀어 나와 있고 양쪽 끝이 뾰족한 모양이다. 껍질이 얇고 단맛이 있어 냉국이나 샐러드에 적합하다.

청풍오이

피클용 오이

노각

추위에 약하여 여름에 재배되는 품종으로 가시는 백색이며 표면에 흰 가루가 없어 광택이 난다. 청풍오이라는 명칭은 품종명이 아니라 유통명이다. 식감이 무른 편이라 무침이나 나물로 이용된다.

유럽과 미국 등지에서 발달한 품종으로 육질이 단단하여 절임용으로 이용되며, 크기와 잎이 작다.

완전히 성숙된 오이로 풋오이보다 껍질이 거칠고 수분함량이 적어 단단하고 약간 쓸쓸한 맛이 난다. 표피색은 황갈색이며 무침이나 장아찌로 활용한다.

🌿 손질 및 보관

굵은 소금으로 겉면을 문질러 씻은 뒤 물에 헹궈 사용한다. 씻은 오이는 물기를 제거해 키친타월이나 랩으로 싸서 꼭지 부분을 위로 세워 냉장 보관한다. 냉동 보관 시에는 오이를 얇게 썰어 가볍게 소금에 절인 후 물기를 짜서 소분하여 얼리고, 해동 후에는 볶음요리에 사용하는 것이 좋다. 냉동 보관하게 되면 수분이 빠져나가 아삭한 식감이 사라져 생으로 먹기에 적합하지 않다.

✻ 조리 방법에 따라 오이 선택

백오이, 취청오이, 가시오이, 청풍오이, 노각 등 조리 방법에 따라 종류를 선택한다. 연녹색을 띠는 백오이는 쓴맛이 덜하고 고소해서 생채, 오이소박이, 오이지 등으로 활용한다. 취청오이는 주로 절임이나 김치로, 뾰족한 돌기가 많이 돋아있는 가시오이는 씹히는 맛이 있어 비빔면의 고명이나 샐러드로 먹으면 좋다.

✻ 식초를 곁들여서

오이에는 비타민 C를 파괴하는 아스코르비나아제라는 효소가 들어있다. 하지만 오이의 아스코르비나아제는 활성이 낮아서 다른 채소와 함께 먹어도 크게 문제가 되지 않는다. 그래도 걱정이 된다면, 이 효소는 가열하거나 산이 첨가되면 불활성화 되므로 가열해서 먹거나 식초를 곁들여 먹자.

✻ 오이의 쓴맛

오이를 먹을 때면 꼭지 부분에서 쓴맛이 난 경험이 있을 것이다. 이는 쿠쿠르비타신(cucurbitacin)이라는 스테로이드 성분 때문으로 수박, 참외, 멜론 등 오이과 식물의 자기 보호 물질이라고 할 수 있다. 햇빛이 강하거나 가뭄이 심하면 쓴맛이 증가한다.

Okra

오크라

피를 맑게 하는 꼬투리 채소

주요 영양성분
베타카로틴, 비타민 B, C, E, 칼슘, 펙틴, 갈락틴, 뮤신

열량
30kcal | 100g

맛있는 시기
7~10월

보관
냉장 보관, 또는 잘 씻어 밀봉한 뒤 냉동 보관.

기원전 1200년 이집트에서 재배되었다는 기록이 있을 만큼 그 역사가 오래된 채소다. 'Okra'라는 영명은 서아프리카에서 'Ochro'(오크로)라고 부르는데서 비롯되었다고 한다. 'Ladies finger'라고도 부른다. 우리나라에는 1970년대 소개되어 2000년대 후반 시험재배를 거쳐 최근에서야 생산량이 늘어나는 추세이다. 열매 모양에 따라 오각종, 팔각종, 둥근형으로 분류하나 주로 오각종이 재배된다. 원산지인 아프리카에서는 씨에서 기름을 추출하여 조미료로 이용하며, 동남아시아에서는 연한 잎을 먹기도 한다.

오크라는 당질이 많고 칼슘이나 철 등의 무기질, 베타카로틴, 비타민 B, C, E 등이 풍부해 피로회복과 배변활동에 좋다. 잘랐을 때 나오는 점액에는 펙틴, 갈락틴, 아라반 등의 혼합물이 있어 정장작용이나 혈중 콜레스테롤을 낮추는 작용이 있다. 뮤신은 소화기관을 점막을 보호한다.

꼭지는 쓴맛이 나므로 제거한다.

너무 크지 않고 꼭지가 싱싱하며 선명한 녹색을 띠는 것을 고른다
표면의 솜털이 균일하고 깍지의 각이 뚜렷이 구별되며 단단한 것보다는 섬유질이 발달하지 않은 어린 과실을 고른다
너무 익으면 과육이 푸석해지고 씨가 쓴맛을 낸다.

표면이 솜털로 덮여 있어 날것으로 먹으면 따갑다.

썰었을 때 독특한 별 모양을 나타내 토핑으로도 사용된다.

✱ 다량의 점액질을 함유

오크라의 끈적거리는 점액질의 정체는 뮤신이다. 이 점액질은 끓여도 완전히 없어지지 않으므로 요리에 사용할 시 주의가 필요하다.

🌿 품종

녹색종

적색종

오크라는 녹색종과 적색종으로 나뉜다. 적색 오크라는 꽃꽂이 소재로 재배하기도 하는데, 익히면 녹색으로 변하므로 선명한 자줏빛을 유지하고 싶다면 생채로 이용하는 것이 좋다.

🌿 손질 및 보관

소금으로 문질러 흐르는 물에 하나하나 씻어 표면의 솜털을 제거하고, 물에 데쳐서 사용한다.
냉장고에 보관하거나 잘 씻은 뒤 밀봉하여 냉동 보관한다.

✱ 커피처럼 마시기도

일부 국가에서는 오크라의 종자(씨)를 커피 대용으로 활용하기도 한다.

🌿 각종 스튜의 재료로 사용

다량의 점액질이 들어있어 즙과 수프를 걸쭉하게 하는 데 유용하여 각종 스튜의 재료로 사용된다. 주로 토마토, 양파, 스파이스 양념, 고기, 갑각류 등과 함께 조리한다. 특히 미국 남부의 검보 스튜가 유명하다. 하지만 오크라 고유의 점액질은 끓여도 완진히 없어지지 않으므로 사용 시 주의가 필요하다. 순한 맛과 미끈거리는 질감으로 토마토처럼 신맛이 많은 재료와 어울린다.

오크라를 넣어 끓인 검보 스튜

✱ 꽃이 아름다운 오크라

오크라는 히비스커스를 닮은 꽃을 피운다. 아름다운 꽃이 군락을 이루어 멋진 풍경을 연출한다. 개화 후 45일 이내에 오크라를 수확한다. 너무 익으면 육질이 푸석해지므로 수확이 늦어지지 않도록 주의한다.

Corn

옥수수

영양가 높은 식이섬유의 보고

주요 영양성분
식이섬유, 비타민 B1, B2, E, 칼륨, 철분, 리놀레산

열량
178kcal | 100g (메옥수수 생것)
109kcal | 100g (단옥수수 생것)
164kcal | 100g (찰옥수수 생것)

맛있는 시기
6~8월

보관
찌고 난 후 열이 식으면 랩으로 싸서 냉동 보관.

벼, 밀과 함께 세계 3대 식량작물로 꼽힌다. 가축사료나 가공 및 공업원료로도 사용한다. 원산지는 아메리카 대륙으로 우리나라에는 중국을 통해 16세기에 들어온 것으로 추정된다. 쓰임새에 따라 간식용, 알곡용, 사료용으로 구분하며, 간식용에는 찰옥수수, 단옥수수, 초당옥수수, 튀김용 옥수수가 있다. 우리나라는 예로부터 단옥수수보다는 찰옥수수를 선호하는 경향이 있다. 씨앗의 색은 백색, 황색, 자색, 흑색 등 품종에 따라 다양하다.

비타민 B1, B2, E와 칼륨이나 철분 등의 무기질이 풍부하며 식이섬유가 다량 함유되어 있어 다이어트와 장내 환경개선에 도움이 된다. 씨눈에는 필수 지방산인 리놀레산이 풍부해 콜레스테롤을 낮춰주고 동맥경화를 예방한다. 속대에는 베타시토스테롤이 함유되어 있어 몸의 염증을 완화하고, 치통 해소, 이뇨 작용 및 어린이 소화불량 치료에 효과적이다.

알맹이가 굵고 촘촘하며 눌렀을 때 탄력이 있는 것이 좋다

겉껍질의 색이 선명한 녹색을 띠고 전체적으로 통통하고 타원형인 것을 고른다

옥수수수염은 낱알 하나하나에 연결되어 있다. 따라서 수염이 풍성하면 그만큼 옥수수 알도 많다. 수염이 오그라져 있고 흑갈색을 띠는 것이 잘 익은 것이다.

❋ 단백질류와 함께 섭취

옥수수에는 라이신, 트립토판과 같은 필수 아미노산이 부족해 라이신이 풍부한 콩, 트립토판이 풍부한 우유, 고기, 달걀 등과 함께 섭취하면 좋다. 삶거나 구워먹을 경우 소화율이 30% 정도이지만, 가루 내어 먹게 되면 80~90%가 소화된다.

🌱 품종

단옥수수

찰옥수수

초당옥수수

튀김용 옥수수

우리나라는 단옥수수보다 찰옥수수를 선호하는 편이다. 찰옥수수는 대부분 쪄서 먹으며, 속껍질을 2~3장 남겨둔 상태로 찌는 것이 좋다. 특유의 풍미를 더해주고 수분이 유지되어 촉촉하고 쫄깃한 맛을 느낄 수 있다. 단옥수수는 삶거나 과일처럼 생으로 먹기도 한다. 통조림 등 가공식품으로도 이용된다.

🌱 손질 및 보관

옥수수는 영양 손실이 빠르기 때문에 먹기 직전에 껍질을 벗겨 손질하고, 배아 부분에 영양이 집중되어 있으므로 가급적 알맹이를 손으로 빼는 것이 좋다. 칼로 알맹이를 잘라낼 경우 숟가락 등을 이용해 배아까지 긁어내서 사용한다.

수확한 옥수수는 시간이 지날수록 당분이 전분으로 변화해 단맛이 떨어지기 때문에 바로 먹지 않을 경우 한 번 찐 다음 먹을 만큼 나누어 팩이나 랩으로 싸서 냉동실에 보관한다. 냉동한 옥수수는 알맹이를 따서 밥을 할 때 넣거나 찜통에 다시 쪄서 먹으면 1년 내내 맛있고 손쉽게 즐길 수 있다.

① 탱글탱글 알갱이의 모양을 유지하려면

갓 삶아 뜨거울 때 랩으로 감싸면 알갱이의 모양을 매끈하게 유지할 수 있다.

② 3cm 정도로 잘라 냉동 보관

냉동 보관 시에는 삶은 것을 3cm 정도로 둥글게 잘라 밀봉하여 보관한다.

Recipe

콘 치즈

🌱 Ingredients

삶은 옥수수 3개, 모짜렐라치즈 80g, 빨간 파프리카 1/4개, 주황 파프리카 1/4개, 양파 1/4개, 마요네즈 2T, 설탕 1T, 식용유 1T, 버터 1T

🍳 How to

1. 삶은 옥수수 3개의 알을 떼어내고, 파프리카, 양파는 다져서 준비한다.
2. 팬에 식용유를 두르고 다진 양파와 파프리카를 충분히 볶은 후 옥수수를 넣고 살짝 더 볶는다.
3. 2에 설탕과 버터를 넣고 녹인 후 불을 끄고 마요네즈를 섞어주고 넓게 펴서 모양을 잡는다.
4. 3에 치즈를 올리고 뚜껑을 덮어 치즈가 녹을때까지 중약불로 가열한다.

- 초당 옥수수나 통조림 옥수수 이용시 설탕을 빼도 좋다.
- 기호에 따라 청양고추를 다져 넣으면 느끼함을 잡아줄 수 있다.
- 담백한 빵위에 올려먹으면 든든한 간식이 된다.

Tomato

토마토

전 세계가 사랑하는 건강채소의 대명사

주요 영양성분
리코펜, 비타민 A, B1, B2, C, 루틴, 칼슘

열량
19kcal | 100g (토마토 생것)
25kcal | 100g (방울토마토 생것)

맛있는 시기
3~10월

보관
서늘하고 통풍이 잘 되는 곳에서 상온 보관. 이때 꼭지가 아래를 향하게 한다.

안데스 산맥 주변이 원산지인 토마토는 세계적으로 5000개 이상의 품종이 재배될 정도로 식재료로서의 활용가치와 인기가 높은 채소이다. 식용, 조림용, 양념, 의약소재 등으로 다양하게 이용될 뿐 아니라, 스페인의 토마토 축제처럼 '문화 아이콘'으로도 활약하고 있다. 우리나라에는 《지봉유설》의 기록에 따라 17세기에 유입된 것으로 보이며, 본격적인 재배는 1950년대부터다. 주요 품종으로는 일반토마토, 방울토마토, 송이토마토, 왜성토마토 등이 있고 색깔도 적색, 오렌지색, 황색 등 다양하다. 토마토는 비타민 A, B1, B2, C, 루틴, 칼슘 외에도 단백질, 당질, 구연산, 사과산, 호박산, 아미노산, 철, 인 등 다양한 영양성분을 함유하고 있다. 토마토의 빨간색은 리코펜 성분 때문으로 카로티노이드계 색소물질로서 세포의 산화를 막아 각종 암과 심혈관질환의 발병률을 낮추는 데 도움을 준다. 그 외에도 알코올로 손상된 혈관을 보호하고, 알코올 분해를 도와 숙취해소에도 좋다.

표면이 매끄럽고 꼭지가 싱싱한 것을 고른다.

모양이 둥글고 균일하며 만졌을 때 단단하고 묵직함이 느껴지는 것이 좋다.

🌿 품종

일반 토마토
대과종으로 동양계통 품종의 분홍색과 유럽계통 품종의 적색토마토로 나뉘며 주로 생식용으로 이용된다.

방울토마토
일반토마토에 비해 과실이 작아 외국에서는 미니토마토 또는 체리토마토라고 한다. 형태는 일반토마토와 차이가 없으며 생식용뿐만 아니라 샐러드, 주스 등으로 다양하게 이용한다.

송이 토마토
유럽에서 주로 육성된 토마토로 열매가 아닌 송이 자체를 수확하는 과방수확형 토마토이다. 수확 노력이 적게 들고 상온에서 저장기간이 길다는 장점이 있다. 샐러드나 가공요리, 절임용으로 주로 이용한다.

왜성 토마토
관상용으로 개발된 품종으로 크기가 20cm 정도이며 열매가 가지 위에 달리고 화분이나 화단에서 재배 가능하다.

🌿 손질 및 보관

흐르는 물에 씻어 과육 표면과 꼭지 부분의 이물질을 제거한 후 물기를 빼고 사용한다. 토마토 껍질을 제거할 경우에는 열십자(十)로 칼집을 낸 후 끓는 물에 살짝 데쳐 찬물에 식히면 쉽다. 보관할 때에는 꼭지가 아래를 향하게 하고 서로 겹치지 않게 한다. 냉장보다 상온(15~25℃)에서, 그늘지고 통풍이 잘 되는 곳에서 보관한다.

✻ 덜 익은 것은 후숙시켜서 이용

가끔 녹색 상태의 토마토를 볼 수 있는데, 아직 덜 익은 미숙 토마토로 후숙시켜 먹도록 한다. 미숙 토마토에는 감자의 싹과 같이 독성을 지닌 솔라닌 성분이 함유되어 있어 어지럼증, 구토, 설사를 유발할 수 있다.

🌱 가열 조리하면 맛과 영양이 UP!

토마토는 열을 가하면 단맛이 강화되고 항산화 물질인 리코펜의 흡수율이 높아지기 때문에, 가열 조리를 통해 맛과 영양을 극대화할 수 있다. 또 지용성 비타민(A)이 풍부해서 견과류나 오일을 더해 함께 조리하면 영양이 배가 된다.

익혀 먹는다
보통 채소는 익히면 영양소가 파괴되는데, 토마토는 익히거나 가열하여 먹을수록 리코펜의 흡수율이 높아진다.

설탕과 먹지 않는다
토마토에 설탕을 뿌리면 비타민 B가 설탕을 분해하는 데에 사용되어 체내흡수량이 줄어든다. 토마토의 신맛이 싫다면 설탕 대신 소금을 뿌려 먹어도 좋다.

과일과 함께 갈아먹자
토마토에는 피로회복와 신진대사를 돕는 비타민 C, 지방분해를 촉진하는 비타민 B, 항산화 역할을 하는 리코펜, 고혈압을 예방하는 루틴 등이 풍부하다. 매일 아침 키위, 바나나 등과 함께 갈아먹으면 건강 유지에 좋다.

✱ 작지만 영양 듬뿍 방울토마토!

일반 토마토보다 크기는 작지만, 영양 면에서는 더 우수하다. 수분 함량이 적기 때문에 같은 양을 섭취할 때 방울토마토를 먹는 것이 훨씬 효과적이다.

✱ 토마토의 별칭

토마토는 다양한 건강 기능성이 인정되어 여러 가지 별칭으로 불린다. 영국에서는 '러브 애플', 이탈리아에서는 '황금의 사과', 미국에서는 '늑대사과'로 불린다.

✱ 핑크 토마토와 레드 토마토

핑크토마토와 레드토마토 자체가 특정 품종을 가리키는 것은 아니다. 핑크토마토는 예로부터 우리가 먹던 동양계통의 분홍색 토마토로 찰토마토라고도 한다. 완숙 후 유통기간이 짧아 보통 60~70% 정도 착색되었을 때 수확하여 식감이 단단하고 껍질이 얇다. 반면 레드토마토는 완전히 익은 상태에서 수확하여 유통되는 것으로 주로 유럽계통 토마토를 뜻한다. 육질이 단단해 1주일 정도 유통이 가능하며 특유의 향이 강하고 당도가 높다.

핑크 토마토   레드 토마토

✱ 토마토가 채소인 이유

1887년 미국은 수입농산물 중 과일은 관세가 없고 채소는 10%의 관세를 부과하는 관세법을 개정했다. 이에 수입업자들이 토마토를 과일로 인정해달라는 소송을 제기했으나, 미국연방대법원은 1893년 '토마토는 후식으로 먹지 않고 조리해서 먹는 식사의 일부분이므로 채소'라고 판결했다. 사실 토마토는 식물분류학적으로 보아도 채소이다.

Recipe

토마토 라비올리 5인분

🍅 Ingredients

대추방울토마토 500g
마스카르포네 치즈 500g
슈거파우더 500g
소금 500g
오일 500g

◇ 파스타 면
밀가루 300g
달걀 3개

🍅 How to

1. 방울토마토의 껍질과 씨를 제거하고 과육만 60℃ 오븐에 약 6시간 동안 말린다.
2. 말린 방울토마토의 무게와 같은 양의 마스카르포네 치즈를 준비한다.
3. 2에 슈거파우더를 방울토마토 10% 정도 넣고 믹서에 곱게 갈아준다.
4. 소금 간을 하고 농도에 따라 오일을 조금씩 부어준다. (토마토페이스트 완성!)
5. 얇게 편 파스타면반죽에 적당량의 페이스트를 넣고 그 위에 바질을 올려준다.
6. 5를 다른 면 반죽으로 덮고 원하는 모양으로 잘라준다.
7. 끓는 소금물에 6을 익힌다.

◇ 파스타 면 반죽

1. 달걀을 풀어 밀가루와 섞는다.
2. 반죽에 탄력이 생기면 랩으로 감싸서 상온 휴지 시킨다.
3. 면을 얇게 편다.

Pumpkin

호박

아낌없이 내어주는 채소

주요 영양성분
카로틴, 칼륨, 비타민 A, B1, B2, C, E, 칼슘, 철

열량
22kcal | 100g (애호박, 생것)
57kcal | 100g (단호박, 생것)
38kcal | 100g (늙은호박, 생것)
31kcal | 100g (주키니, 생것)

맛있는 시기
4~10월

보관
애호박 등의 청과용은 신문지로 싸거나 비닐팩에 넣어 냉장 보관. 단호박과 늙은호박은 서로 닿지 않게 하여 통풍이 잘 되는 곳에 보관.

기원전 5000년경부터 인류가 즐겨 먹던 채소로 영명 'pumpkin'은 커다란 멜론이라는 그리스어 'pepon'에서 유래했다. 호박은 동양종, 서양종, 페포종, 교잡종 등 4종류가 식용으로 이용되고 있는데, 우리나라에는 17세기 중국으로부터 동양종 호박이, 20세기 이후에 일본과 미국을 통해 서양종, 페포종 호박이 각각 도입되었다. 호박은 덩굴이 있는 것과 없는 것이 있으며, 모양, 크기, 색깔, 무늬, 육질 등이 제각각 다르다.

품종

애호박

풋호박

동양종

우리나라 호박품종의 대부분으로 청과와 숙과를 모두 이용한다. 육질은 점질이나 익기 전부터 풍미가 있고 5각형 모양이 대다수다. 주로 조림이나 볶음으로 이용한다.

단호박

대형호박

서양종

단호박이나 대형호박 등이 있으며 서늘하고 건조한 기후에 잘 자란다. 주로 원통형이며 육질은 분질이 많다. 튀김이나 수프용으로 적합하다.

주키니

국수호박

페포종

주키니 품종이 대표적이다. 생육기간이 짧고 저온에 잘 견디는 특성이 있다. 볶음이나 중국 요리에 많이 사용된다. 다이어트 식품으로 이용되는 국수호박이나 다양한 종류의 관상용 호박도 페포종이 많다.

애호박

당질과 비타민 A, C가 풍부하여 소화흡수가 잘 된다. 또 아연, 망간이 소량 함유되어 있는데, 아연은 정상적인 성장과 발달, 생식기능 및 면역계에 필수적이며 적절한 아연 공급은 감염에 대한 저항력과 항암에 도움이 되고 건강한 식욕을 유지해준다.

선명한 녹색을 띠고 껍질은 연하되 육질은 단단한 것을 고른다.

손질 및 보관

깨끗이 씻어서 꼭지를 제거하고 껍질째로 용도에 맞게 손질한다. 보관 시에는 표면의 물기를 제거하고 키친타월로 잘 싸서 냉장 보관한다.

비닐포장의 역할

호박을 구입할 때 비닐포장 된 것을 쉽게 볼 수 있는데, 이는 벌레의 유입을 방지하고 정확한 규격을 맞추기 위함이다. 비닐을 씌워 재배하면 일정 중량의 호박을 정확히 수확할 수 있고, 이동과정에서 발생하는 손실이 적어 품질이 높아진다.

단호박

단호박에 함유되어 있는 베타카로틴과 펙틴이라는 성분은 장의 기능을 원활하게 해주어 배변활동을 원활하게 하며, 감기예방, 피부미용에 도움을 준다. 또 비교적 낮은 칼로리에 비해 풍부한 영양가가 함유되어 있어 다이어트 식품으로도 좋다.

색이 고르게 짙고 단단하며 크기에 비해 무거운 것을 고른다

손질 및 보관

익히면 쉽게 껍질을 제거할 수 있다. 쓰다 남은 호박은 쉽게 건조하므로 랩으로 밀봉한다. 직사광선을 피해 서늘한 곳에 보관하고, 오래 보관해야 할 때는 씨와 속을 긁어내고 랩으로 싸서 냉동실에 넣어둔다.

늙은 호박

식이섬유, 철분, 칼륨, 비타민 A, B2, C, 베타카로틴, 니아신이 풍부하고 익을수록 당분이 늘어난다. 호박의 당분은 소화흡수가 잘 되기 때문에 위장이 약한 사람이나 회복기의 환자에게 도움을 준다. 호박에 많이 들어있는 카로틴은 카로티노이드 색소의 일종으로, 체내에 들어가면 비타민 A로 전환되어 눈 건강, 면역기능, 항비만, 항산화 및 항암효과를 가진다.

진한 황갈색을 띠고 겉면에 상처가 없는 것을 고른다

❦ 손질 및 보관

4등분 한 뒤 호박을 돌려가면서 어슷썰기 하듯 껍질을 제거하고 씨를 빼낸 후 용도에 맞게 손질한다. 햇빛이 들지 않고 통풍이 잘 되는 서늘한 곳에 실온 보관한다.

✱ 할로윈의 상징, 잭 오 랜턴

할로윈 하면 떠오르는 주황색 호박! '잭 오 랜턴'(Jack O' Lantern)으로 불리는 이 할로윈의 상징은 호박의 속을 파내고 눈, 코, 입을 새겨 안에 초를 고정시켜 만든다.

주키니

다른 품종의 호박에 비해 상대적으로 영양가가 떨어지지만 수분이 많고 베타카로틴, 비타민 C, 칼륨, 철분 등이 풍부하다. 기름에 볶으면 베타카로틴의 흡수를 촉진하여 면역력을 높이고 감기를 예방하는 효과가 있다. 비타민 C는 콜라겐 생성을 도와서 피부 건강을 지켜준다.

밝은 녹색으로 육질이 단단하고 들었을 때 무거운 것을 고른다

❦ 손질 및 보관

깨끗이 씻어 꼭지를 제거하고 껍질째 용도에 맞게 손질한다. 보관 시에는 겉의 물기를 제거하고 키친타월로 잘 싸서 냉장 보관한다.

❦ 호박을 활용한 요리

애호박은 나물, 전, 찜, 찌개 등 다양한 요리에 주·부재료로 이용되며 가늘게 채 썰어 국수장국이나 수제비 등의 고명으로 사용하기도 한다. 단호박은 샐러드나 튀김, 떡을 만들 때 사용하며 호박김치, 호박선, 호박죽의 재료로 활용된다. 늙은 호박은 호박 나물, 호박범벅, 호박죽, 호박엿 등에 사용되며 호박오가리를 만들어 두었다가 떡을 해 먹는 데 이용한다.

❦ 만능 호박!

호박은 채소 중에서 유일하게 잎, 꽃, 열매(호박), 종자(씨)를 모두 먹을 수 있다.

잎　　　꽃　　　씨

호박수프　　　단호박찜　　　갈치호박국

Recipe

단호박 크림 감자 뇨끼

🌱 **Ingredients**

◇ **단호박 크림**
단호박 1/4개
삶은 강낭콩 1/3C
양파 1/4개
두유 1C
소금 1/2t
올리브오일 3T

◇ **감자 뇨끼**
감자 2개(큰 것 기준)
중력분 130g
달걀노른자 1개
소금 약간
버터 1T
파르미지아노 또는 페코리노 치즈가루 약간
고수잎 약간

🍲 **How to**

1. 양파는 작게 채 썰고 오일을 약간 둘러 노릇하게 볶는다.
2. 믹서에 삶은 단호박, 강낭콩, 볶은 양파, 소금, 올리브오일, 두유를 넣어 곱게 간다.
3. 삶은 감자는 뜨거울 때 으깨 한 김 날리고, 중력분, 달걀노른자, 소금을 넣어 한 덩어리로 반죽한다.
4. 반죽은 동그랗게 굴려 살짝 눌러주고 끓는 물에 소금 1/2t을 넣고 데친다.
5. 팬에 버터와 올리브오일을 살짝 두르고 데친 뇨끼를 노릇하게 굽는다.
6. 접시에 단호박 크림을 깔고 뇨끼를 올려 치즈 가루를 듬뿍 뿌리고 고수잎을 올려낸다.

- 재료의 수분 차이가 있어 두유는 단호박 크림의 농도를 보면서 가감한다.
- 단호박 크림의 부드러운 맛이 고수 향을 감싸줘서 고수를 잘 먹지 못해도 도전 가능.
- 뇨끼는 살짝 납작한 접시에 플레이팅 하는 것이 예쁘다.

과일일까 채소일까?

열매를 이용하는 채소 중 일부는 맛이나 생김새가 과일과 비슷하고 후식으로 이용이 많아서, 유통시장에서 편의상 과일로 취급하는 경우가 있다. 딸기, 멜론, 수박, 참외가 그 주인공으로, 지금까지 과일로 알고 있던 소비자들은 '이게 채소였어?'라며 놀랄지도 모르겠다. 그러나 엄연히 이들은 농산물품목분류나 식물분류학에서 채소로 인정하고 있다.

Strawberry
딸기

새콤달콤한 맛이 사랑스러운 비타민 C의 보고

주요 영양성분
비타민C, 엘라직산, 펙틴, 라이코펜, 칼륨, 철분

열량
29kcal | 100g (재래종)
36kcal | 100g (개량종)
34kcal | 100g (설향)

맛있는 시기
12~5월

보관
꼭지를 떼지 않고 랩이나 비닐봉지에 싸서 냉장 보관. 장기간 보관 시 냉동 보관.

'황후의 과일'이라는 별명답게 상큼하고 달콤한 맛과 향이 돋보이는 열매 채소. 식물분류학적으로는 채소이지만 유통시장에서는 과일로 분류된다. 1910년대 일본에서 도입된 이래 주로 일본산이 유통되다가 최근 '설향'이라는 국내 품종이 개발되는 등 국내산 딸기가 시장의 90% 이상을 차지하며 큰 사랑을 받고 있다. 제철은 1~5월이지만 재배기술의 발달로 사시사철 먹을 수 있게 되었다.

딸기는 피로회복과 해독작용에 관여하는 비타민 C와 혈액순환에 도움이 되는 칼륨, 철분을 많이 함유해 신경계를 안정화하는 효과가 있다. 딸기에 함유된 안토시아닌 색소는 혈관을 보호하고 강력한 소염효과가 있으며, 메틸살리실산은 소염과 진통 작용이 있는 물질로 신경통이나 류마티스성 통풍에도 매우 효과적이다. 딸기에 함유된 엘라직산은 자외선으로 인한 피부의 콜라겐 파괴와 염증 생성을 억제하며 암세포의 비활성화에 도움을 주고, 식이섬유인 펙틴이 많이 포함되어 혈중 콜레스테롤 수치를 현저히 낮추어 성인병 예방에 도움을 준다.

열매

꼭지가 마르지 않고 파릇하며
꼭지 부분까지 붉은색이 나는 것을 고른다.

전체적으로 윤기가 나며 탄력이 있고,
손가락 두 마디 정도의 크기가 좋다.
고유의 색이 선명하고 착색이
90% 이상인 것이 맛있다.

딸기에는 포도당을 비롯해 자당, 과당이 풍부하
게 들어있는데, 끝 부분이 가장 달고, 가운데 부
분과 꼭지에 가까운 부분은 과당이 떨어진다.

✱ 냉동하면 장기보관 가능

딸기는 물에 닿으면 금방 무르고 비타민 C와 향이 손실되기 때문에 씻을 때 꼭지를 떼지 않고 흐르는 물에 빠르게 씻은 후 소금물에 가볍게 헹궈낸다. 소금의 짠맛이 딸기 맛을 더욱 달게 느껴지게 하고, 살균 효과도 있다.
구입 후 빨리 소비하는 것이 좋고 보관할 때에는 꼭지를 떼지 말고 랩이나 비닐봉지에 싸서 냉장 보관한다. 씻어서 냉동해두면 장기간 보관이 가능하고 필요할 때 우유나 유제품과 함께 갈아서 먹으면 칼슘 보충에도 좋다.

✗ 껍질이 얇아 상하기 쉽고 30초 이상 물에 담가두면 비타민 C가 물에 녹아 빠져나온다.

✱ 디저트 메뉴로 인기

딸기는 대부분 생식으로 먹지만, 가공하여 잼이나 요구르트, 주스, 시럽으로 만들기도 하고, 플레이팅이나 제빵, 청량음료, 가공식품 등의 원료로 이용하기도 한다. 최근에는 빵, 케이크, 찹쌀떡 등에 딸기를 사용해 만든 다양한 디저트 메뉴가 인기를 끌고 있는데, 향기 성분이 160여종이나 되고 안토시아닌 색소가 자아내는 붉은빛은 음식을 한층 더 화려하게 만들기 때문이다.

✱ 딸기향이 우울함을 완화

딸기 특유의 향은 우울한 기분을 경감시켜 기분을 좋게 하는 효과가 있어 다양한 생활용품의 향을 내는 데에도 활용된다. 치약과 비누, 샴푸 등의 목욕용품에 가장 많이 사용되는 향 중 하나로, 특히 어린이용으로 인기가 높다.

Melon

멜론

누구나 좋아하는 단맛

주요 영양성분
비타민 C (녹색 및 황록색), 비타민 A (적색), 칼륨, 펙틴, 가바

열량
21kcal | 100g (감로)
40kcal | 100g (머스크)
38kcal | 100g (화이트)

맛있는 시기
3~5월, 8~10월

보관
실온에 보관하다가 먹기 1~2시간 전에 냉장고에 넣어둔다.

크게 그물무늬가 있는 네트 멜론과 그물무늬가 없는 무네트 멜론으로 나뉜다. 무네트 멜론은 둥글게 생긴 것부터 긴 것까지 다양하고 껍질색도 백색, 황색, 얼룩무늬 등 여러 가지가 있다. 원산지는 아프리카로 우리나라에는 1954년 일본에서 도입되어 1970년대 후반부터 본격적인 재배가 이루어졌다. 아삭한 식감과 달콤한 향으로 동서양 모두에서 사랑받는 과일 채소이다.

멜론 과육의 색은 녹색, 황록색, 적색 등 품종에 따라 다양하고 영양도 조금씩 다르다. 대체적으로 녹색이나 황록색의 과육에는 비타민 C의 함량이 높고 적색의 과육에는 카로틴이 많아서 비타민 A의 함량이 높다. 멜론에는 이뇨작용이 있는 칼륨과 콜레스테롤 수치를 낮추는 식이섬유인 펙틴이 풍부하게 함유되어 있고, 가바(GABA, γ-아미노부티르산의 일종)가 들어있어 혈압강하작용을 한다. 또 멜론의 단맛은 과당, 자당, 포도당 등의 당분 때문이며 이는 곧바로 에너지원이 되므로 원기회복에 좋다.

🌿 품종

멜론은 겉으로 보이는 모양에 따라 네트 멜론과 무네트 멜론으로 분류한다.

네트멜론

무네트멜론

과실 표면에 그물 무늬가 만들어지며 과육 색깔은 녹색, 백색, 적색 등 다양하다. 국내 시장에서는 네트가 굵은 멜론을 선호한다.

참외형 멜론이라고도 하며 과피색과 과육색이 네트멜론보다 다양하게 발달되어 있다. 우리나라는 대부분 하우스 재배용으로 네트멜론에 비해 육질이 거칠다.

✱ 대륙별 멜론 품종 선호도

아시아 엘스멜론, 하미멜론, 참외형 멜론
유럽 샤랑떼, 아말릴로, 갈리아
북아메리카 캔달로프, 허니듀, 샤랑떼
남아메리카 허니듀, 캔달로프, 아마리로, 갈리아

✱ 멜론이 가장 맛있어지는 조건

아삭한 맛이 나면서도 향과 당도가 모두 뛰어난 멜론을 최고로 꼽는다. 이러한 맛은 일교차가 심한 기후에 배수가 잘되는 토양에서 자라야만 가능하다. 제철에 난 멜론이라도 수확 즉시 먹으면 과육이 단단해 멜론 고유의 향과 부드러운 맛을 제대로 느낄 수 없다. 수확 후에 냉장이 아닌 바깥의 일정한 온도에서, 일정기간 후숙을 거쳐야만 제철 멜론의 풍미가 더욱 깊어진다.

먹을 시기는 품종, 온도, 재배 방법 등에 따라 달라지지만, 꽃이 떨어진 부분에 손가락으로 눌러봐서 살짝 부드러워진 것을 느낀다면 최적의 때이다. 또한, 프린스멜론처럼 먹을 시기가 되면 향이 증가하는 품종도 있다.

🌿 손질 및 보관

꼭지 부분을 먼저 자른 후 반으로 가른다. 멜론 속(씨)를 모두 파내고 씨가 붙어있던 자리를 깨끗이 정리한 후 다시 3~4등분 하여 초승달 모양으로 잘라준다. 초승달 모양 멜론을 바닥에 놓고 한쪽 끝을 손으로 잡은 뒤, 과도를 껍질 있는 아래쪽으로 넣어 얇게 포를 뜨듯이 껍질과 과육 부분을 분리하고 과육 부분을 먹기 좋은 크기로 자른다. 멜론은 후숙되면 향이나 단맛이 증가하므로 냉장고가 아닌 실온에 보관한다. 너무 차면 맛이 떨어지므로 먹기 1~2시간 전에 냉장고에 넣어 시원하게 먹는다.

✱ 잼이나 아이스크림으로

멜론은 주스, 과일 샐러드, 과일 화채 등으로 이용된다. 단맛이 덜하거나 후숙이 지나치게 된 것은 잼을 만들거나 아이스크림에 넣어 먹어도 좋다.

Watermelon
수박

더위에 지친 몸과 마음을 시원하게

주요 영양성분
칼륨, 카로틴, 리코펜, 시톨린, 리놀레산(씨)

열량
31kcal | 100g

맛있는 시기
3-7월

보관
구입 후 7일 이내로 먹는다.
남은 것은 밀폐용기 등에 담아 냉장 보관.

고대 이집트 벽화에서도 수박의 흔적을 발견할 수 있을 정도로 그 역사가 오래된 과일 채소다. 우리나라는 고려시대에 처음으로 개성에 수박을 심었다고 알려져 있으며, 신사임당의 〈화훼초충도〉에 수박이 자세하게 그려져 있는 것으로 보아 조선시대에는 이미 수박의 재배가 보편화되었음을 알 수 있다. 여름이 제철이지만 기술의 발달로 지금은 사계절 내내 쉽게 구할 수 있다. 껍질색은 녹색, 회색, 황색 등 다양하고 호피무늬가 있는 것과 없는 것이 있다. 과육색은 붉은색이 주종을 이루고 있으나 분홍색, 황색, 오렌지색인 것도 있다.

수박은 수분함량이 높고 탄수화물, 칼륨, 인, 마그네슘, 칼슘, 나트륨, 철분 등의 무기질을 비롯해 체내에서 흡수가 잘되는 포도당과 과당이 함유되어 있어 피로회복에 도움을 준다. 비타민과 미네랄, 아르기닌, 시톨린 같은 아미노산과 베타카로틴, 리코펜을 함유하고 있으며 이로 인한 항산화 효과가 있다. 또 뇌의 활성을 돕는 세라토닌, 도파민, 멜라토닌도 함유하고 있다. 수박씨에는 불포화 지방산인 리놀레산이 들어있어 동맥경화 예방에 좋으며 단백질, 비타민 등도 포함되어 있다.

🌱 품종

줄무늬수박

흑피수박

복수박

대중적으로 가장 많이 이용하는 수박으로 겉부분이 딱딱하고 수분이 많으며 식감이 단단하다.

줄무늬가 연하며 껍질은 흑색에 가깝고 단단하다. 저장성이 우수하며 아삭한 식감이 난다.

거래량은 많지 않으나 껍질이 얇아 깎아 먹을 수 있고 부피가 작아 냉장고 보관이 쉽다. 껍질 부위까지 단맛이 높다.

🌱 손질 및 보관

냉장고에 장기간 보관하면 감미가 떨어지므로 구입한 후 가능한 빠른 시일 내에 먹는 것이 좋다. 남은 수박은 밀폐용기에 보관하는 것이 좋으며, 부득이하게 랩으로 싼 경우에는 윗부분을 잘라내고 먹는다. 수박을 반으로 자른 다음 쪽배 모양으로 썬 뒤 과육과 껍질 사이에 칼집을 넣어 분리하고 껍질 위에 그대로 먹기 좋은 크기로 썰어 내거나, 가로로 동그랗게 3cm 두께로 썬 뒤, 사방 4cm 크기로 썰어서 낸다.

✱ 고단백 식품, 수박씨

수박씨는 열량이 땅콩보다 높고 단백질 함유량이 씨앗류 가운데 30%로 최고 수준이다. 이는 해바라기 씨, 잣보다도 훨씬 높은 것이다. 고대 이집트에서는 씨를 먹기 위해 수박을 재배했고 중국에서는 지금도 종자용 수박을 재배하여 수박씨를 즐겨 먹는다. 중국과 아프리카에서는 수박씨로 짠 기름을 식용유로 사용하기도 한다.

✱ 무더위도 날릴 시원한 수박화채

수박은 과육 그대로 생으로 먹거나 얼음 동동 띄워 수박화채로 먹기도 한다. 주스로 갈아 마셔도 맛있다. 수박껍질은 신장기능이 떨어지거나 몸이 자주 붓는 사람들에게 효과가 좋아 수박껍질을 이용한 피클, 당절임, 차, 심지어 튀김으로도 이용한다. 나물이나 냉채로 만들어 밑반찬으로 먹기도 하고 말려두었다가 물에 불려 요리에 이용하기도 한다.

✱ 깎아먹는 수박, 애플수박

일반 수박의 1/4 정도 크기로 1인 가구를 겨냥해 나온 신개념 수박이다. 일반 수박과 달리 공중에 매달려 재배되기 때문에 강수량에 상관없이 당도가 높고, 껍질 두께도 얇아 인기가 좋다. 특히 주스로 만들었을 때 과즙이 살아있어 주스용으로 좋다. 복수박은 크기나 재배 형태가 애플수박과 비슷하지만 엄연히 다른 품종이며, 복수박이 조금 더 길쭉한 모양새다. 일반수박과 과육이나 식감이 동일하다.

Korean melon

참외

세계가 인정한 코리안 멜론

주요 영양성분
칼륨, 포도당, 과당

열량
47kcal | 100g (씨 포함)
45kcal | 100g (씨 제거)

맛있는 시기
3~8월

보관
구입 후 7일 이내로 먹는다. 남은 것은 밀폐용기 등에 담아 냉장 보관.

식물분류학상 멜론과 같은 종으로, 원산지인 아프리카에서 유럽으로 전해진 것이 멜론으로 발전했고 동양에 들어오면서 참외형태로 분화하여 정착한 것이다. 1960년대까지 강서참외, 골참외, 개구리참외, 먹참외 같은 재래종이 재배되다가 1970년부터 본격적인 품종개량이 이루어지며 '금싸라기' 같은 우수품종이 개발되어 소비자들의 입맛을 사로잡고 있다. 참외는 약 90%로 수분함량이 많아 땀을 많이 흘리는 여름철에 갈증해소에 도움을 주고, 참외에 함유된 포도당과 과당은 체내 흡수가 빠르고 비타민 C가 풍부해 피로회복에 좋다. 또 칼륨이 많아 이뇨작용을 촉진시키고 체내 나트륨 배출을 도와 혈관 기능을 개선해준다. 차가운 성질을 지녀 해열작용을 통해 몸의 열을 낮춰주기도 하지만, 몸이 차고 장이 약한 사람은 배탈이나 설사가 올 수 있으므로 조심한다.

골이 깊고, 골을 만졌을 때 까슬까슬 잔가시가 느껴지는 것을 고른다

타원형으로 단단하며 껍질의 노란색이 전체적으로 진하고 선명한 것이 좋다

참외 꼭지에는 항암성분인 쿠쿠르비타신이 함유되어 있다.

씨가 있는 주변(태좌)에는 토코페롤이 풍부해 항산화 효과가 있다.

참외 고유의 달콤한 향이 나고, 굵을수록 단맛이 덜하므로 약간 작은 것을 고른다.

종자에는 팔미톨레산, 팔미트산, 스테아르산, 올레산, 리놀레산 등의 기름이 25% 함유되어 있어 요통 등의 치료에 도움을 준다.

🌱 손질 및 보관

깨끗하게 씻어 껍질을 벗겨낸 후 이용한다. 보관할 때는 상온의 시원하고 그늘진 곳에 종이 등으로 잘 싸서 보관했다가 먹으면 맛과 향의 손실을 어느 정도 방지할 수 있지만, 빨리 시들고 상하기도 쉬워 오랫동안 두면 안 된다. 보통 참외를 먹기 좋게 하는 온도는 5~6℃로 냉장 보관을 해서 먹고, 탄력이 빨리 떨어지는 편이므로 가급적 구입 후 2~3일 이내에 먹도록 한다.

✽ 여름 간식으로 최고

참외는 과실 부위를 먹는 채소인 과채류로서, 껍질을 제거하고 생과로 먹는 경우가 대부분이다. 샐러드나 화채, 빙수 등에 주·부재료로 넣어 여름 간식으로도 활용한다. 그 외에도 참외, 시럽, 젤리, 와인, 식초로 만들어 참외의 달콤한 향을 즐길 수 있고, 참외소박이나 절임식품 등으로 만들어 반찬으로도 활용한다.

✽ 코리안 멜론

과거 한중일 3국에서 재배되던 참외는 현재 거의 우리나라에서만 생산되고 있다. 특이점은 우리나라 참외의 꽃은 암꽃와 수꽃이 따로 피는 단성화이고, 중국과 일본은 한 개의 꽃에 암술과 수술이 같이 있는 양성화라는 점이다. 따라서 우리나라 참외는 벌과 같은 곤충이 수정을 도와주어야 한다. 한편, 국제식품분류에 없던 참외가 국제식품규격위원회에서 2016년 'Korean melon'으로 국제 명칭이 등록되어 그 독창성을 세계적으로 인정받게 되었다.

01 우리나라 재래종 참외
02 현재 일반적으로 판매되는 참외

✽ 한 번쯤은 들어봤을 '개구리 참외'

1960년대까지는 전국 각지에서 재래종 참외가 재배되었는데, 그중 하나가 개구리 참외이다. 생긴 모양이 개구리 등처럼 생겨서 이러한 이름이 붙여졌다. 일제 강점기 시절에는 일본 황실에 납품할 만큼 유명세를 떨치기도 했으나, 1980년대 이후로 새로운 품종이 개발되면서 자취를 감추고 현재는 천안에서 간신히 명맥만을 유지하고 있다. 간혹 파파야 멜론을 개구리 참외로 속여서 파는 경우도 있으니 주의!

Pea; Garden pea

완두

나풀대는 연약함 속에 감추어진 핵산

주요 영양성분
비타민 B1, B2, C, E, 칼륨, 철, 인, 식이섬유

열량
114kcal | 100g (생것)

맛있는 시기
5~6월

보관
꼭지를 따지 않은 채로 비닐봉지에 담아 냉장 보관한다. 장기 보관 시 낱알만 빼서 비닐봉지나 밀폐 용기에 담아 냉동 보관.

고대 그리스에서 재배되었다는 기록이 남아있는 완두는 이용부위에 따라 꼬투리용, 푸른 열매용, 새싹용, 사료용으로 구분하며 꽃의 색은 백색, 적색, 자주색 등이다. 꼬투리용은 양식이나 중식 요리에 많이 사용하고, 새싹용은 '두묘'라고도 하며 키가 15cm 이하인 어린 싹을 잘라먹는 것으로 중국과 일본에서 즐겨 먹는다. 우리나라에서는 일부 새싹채소로 이용하기도 하지만, 주로 푸른 열매용으로 재배하며 밥밑콩으로 이용한다.
완두콩은 콩류 중에서 식이섬유소가 가장 풍부하여 장의 활동을 도와 변비 예방에 좋고, 탄수화물 대사를 촉진하고 두뇌 활동에 도움을 주는 비타민 B1의 함유율이 높다. 꼬투리 채로 삶아 먹는 완두에는 비타민 C 역시 풍부하게 들어있다. 그 외에도 비타민 B2, E와 칼륨, 철, 인 등의 무기질이 풍부하다.

꼬투리가 선명하고 짙은 녹색을 띠며 마르지 않은 것이 신선하다

낱알 역시 짙은 녹색을 띠며 둥글고 크기가 일정한 것을 고른다.

ⓧ 완두에는 미량의 독소가 들어있어 40g 이상은 섭취하지 않는다.

🌱 손질 및 보관

풋내가 없어질 정도로만 살짝

흐르는 물에 깨끗이 씻어 준비한 후 풋내가 없어질 정도로 살짝 데쳐 익혀 먹는다. 오래 삶으면 비타민이 손실되고 고소한 맛도 사라질 뿐 아니라 색도 어두워지니 주의한다. 완두콩을 꼬투리 채 익힐 때는 끓는 소금물에 소금을 약간 넣고 데치면 아삭함을 살릴 수 있다.

장기간 보관 시에는 낱알만 빼서

보관할 때는 꼭지를 따지 않고 그대로 비닐봉지에 담아 밀봉하여 냉장고에 보관하거나 장기간 보관을 위해 껍질을 벗기고 낱알만 빼서 비닐봉지나 밀폐 용기에 담아 냉동실에 보관한다.

🌱 품종별로 이용부위가 다르다

완두는 꼬투리 채 먹을 수 있는 연협종, 안의 콩만 먹을 있는 경협종, 둘 다 먹을 수 있는 겸용종으로 구분한다. 어린 꼬투리는 채소로 먹기도 하고, 밥에 넣거나 앙금으로 만들어 먹기도 하며, 성숙하기 전의 푸른 씨알은 통조림으로 가공하여 유통되는 등 다양하게 이용된다. 또한 잎줄기는 가축의 사료로 이용되기도 한다.

🌿 콩류

완두 외에도 메주용으로 사용되는 대두를 비롯해 서리태, 녹두, 강낭콩, 울타리콩, 동부, 작두콩, 제비콩 등 국내에서 재배되는 것과 렌틸콩, 병아리콩, 리마콩, 말콩, 날개콩, 비둘기콩, 블랙그램 등 해외에서 수입되는 것으로 구분할 수 있다.

국산 콩

| 녹두 | 동부 | 강낭콩 |

수입 콩

| 렌틸콩 | 병아리콩 | 블랙그램 |

Soybean sprout

콩나물

숙취 해소에 탁월한 아스파라긴산 함유

주요 영양성분
아스파라긴산, 아밀라아제, 비타민 C, 식이섬유

열량
36kcal | 100g

맛있는 시기
연중

보관
검은 봉지에 밀봉하여 빛을 차단하고 냉장고 신선실에 보관, 또는 밀폐 용기에 콩나물이 잠길 정도의 물을 넣어 보관한다.

콩(대두)을 발아시켜 싹을 자라게 한 것이 콩나물이다. 삼한 시대에 콩나물을 재배한 기록이 남아있으며, 동남아시아를 비롯해 대부분의 나라가 숙주를 선호하는 것과 달리, 우리나라는 예로부터 콩나물을 즐겨 먹었다. 1990년대에 들어와 다양한 콩 품종이 개발되어 장류용, 나물용, 풋콩용, 밥밑용 및 떡소용 등으로 용도가 다양화되었다.

콩을 발아시켜 콩나물이 되면서 비타민 C가 생기고, 탄수화물을 분해하는 소화효소인 아밀라아제도 만들어져 소화를 돕는다. 풍부한 아스파라긴산은 우리 몸에서 알코올을 해독시켜 숙취 해소에 도움을 준다. 양질의 식이섬유는 변비 예방에 좋고 장을 건강하게 만든다.

콩 머리에 검은 반점이 없는 것을 고른다. 콩 머리가 파란 것은 햇빛에 닿아 노출된 콩나물로 독성이 있을 수 있다.

성장촉진제를 많이 사용했을 경우 줄기 부분이 아주 통통하고 잔뿌리가 전혀 없이 깨끗하니 주의한다.

머리는 노란색, 줄기는 흰색을 띠며 적당히 통통하고 시들지 않은 것이 좋다.

❦ 손질 및 보관

콩나물은 깨끗한 물에 잘 씻어 콩 껍질과 짓무른 부분을 제거한다. 콩나물을 삶을 때는 끓는 물에 소금을 약간 넣고 뚜껑을 열어놓은 채로 삶아야 비린내가 나지 않는다.

보관 시에는 검은 봉지로 밀봉하여 빛을 차단한 채로 냉장고 신선실에 넣어두거나, 밀폐 용기에 콩나물이 잠길 정도로 물을 넣어 보관한다. 그러나 구매 후 바로 사용하는 편이 좋다.

✽ 숙취 해소에 탁월!

예로부터 겨울철의 귀중한 비타민 공급 채소로 애용된 콩나물! 숙취 해소에 도움을 주는 아스파라긴산을 다량 함유하고 있어 해장국 재료로 많이 사용된다. 아스파라긴산은 잔뿌리 부분에 몰려있으므로 숙취 해소용으로 사용 시 잔뿌리는 다듬지 않은 편이 좋다.

Green bean sprout

숙주

손님상과 잔칫상에 올리던 채소

주요 영양성분
아미노산, 아스파라긴산, 비타민 B1, B2, B6, C, 플라보노이드, 비텍신

열량
13kcal | 100g

맛있는 시기
연중

보관
밀폐 용기에 숙주가 잠길 만큼 물을 붓고 냉장 보관.

녹두의 싹을 자라게 한 것이다. 종자의 색깔에 따라 녹색, 황록색, 흑갈색으로 구분하나, 숙주로 이용하는 것은 녹색계통이다. 조선시대에는 봄·여름철 어르신들의 생신 상차림과 아기들의 돌잔치 손님을 대접하는 국수상에 올렸던 채소라고 한다. 아삭한 식감이 좋으나 비린내가 심해 싫어하는 사람도 있다. 우리나라에서는 주로 삶아서 이용하지만, 외국에서는 샐러드를 비롯해 생채로 직접 요리에 이용하는 것이 보편화되어 있다.

숙주는 섬유소가 풍부하고 열량이 낮으며 아미노산과 비타민 B1, B2, B6, C가 풍부하다. 지방대사에 관여하는 비타민 B2가 들어있어 다이어트에 도움을 주고, 활성산소를 제거해주는 플라보노이드와 비텍신 성분을 함유해 세포 노화를 예방해 피부미용과 성인병 예방에 도움을 준다. 숙주의 찬 성질이 열기를 내려주며 콩나물과 마찬가지로 아스파라긴산을 포함하고 있어 숙취 해소에 효과적이다.

❧ 손질 및 보관

지저분한 뿌리는 제거한 후 살살 다루어 깨끗이 씻는다. 씻은 후 채에 받쳐 물기를 제거한 후 사용한다. 보관 시에는 밀폐 용기에 숙주가 잠길 만큼 물을 붓고 냉장 보관하면 싱싱한 상태를 유지할 수 있다.

줄기가 희고 굵으며 싱싱하고 뿌리가 투명한 것을 고르고, 짓무른 곳은 없는지 잘 살펴본다.

노란 잎이 많이 핀 것이나 지나치게 통통한 것은 비린내가 많이 나고, 푸른 싹이 난 것 또한 성장기간에 햇빛을 받았거나 웃자란 것이니 고를 때 주의한다.

❧ 우리나라는 완전히 익힌 것을 선호

숙주는 데쳐서 무침으로 먹거나 찌개나 국에 넣어 먹는다. 녹두빈대떡의 부재료로 생으로 넣어 부쳐 먹기도 한다. 특유의 아삭함이 조리 후에도 살아있다. 숙주는 중국과 일본, 동남아시아에서 더욱 즐겨 먹는데, 한국에서는 완전히 익힌 것을 선호하는 반면, 다른 국가들은 살짝 익혀서 특유의 향이 나는 것을 더 선호한다.

채소로 만든
건강주스 레시피

건강해지려면 채소를 먹어야 한다는 것은 알지만 채소를 좋아하지 않는 사람, 또 마음먹고 샀지만 보관 기간이 짧은 탓에 제대로 다 먹지도 못하고 처치곤란이었던 적이 많은 사람이라면 채소로 주스를 만들어 마셔보자. 채소를 주스 형태로 먹으면 그 달달하고 부드러운 맛에 쉽게 채소를 즐길 수 있고 하루 섭취 권장량도 충족할 수 있다.

1. 생강주스

Ingredients
생강 5g
바나나 1/2개
복숭아 1/2개
우유 200ml

How to
1. 생강은 깨끗이 씻어 껍질을 벗겨 분량만큼 썰어 놓는다.
2. 믹서에 1과 복숭아, 바나나, 우유를 넣고 곱게 간다.

• 복숭아가 없을때는 통조림 복숭아를 이용한다.

2. 생감자주스

Ingredients
감자 1개
사과 1개
견과류(호두,아몬드등) 10g
요구르트 200ml

How to
1. 감자, 사과는 껍질을 깎아 깍뚝썰기하고 호두는 잘게 부순다.
2. 1을 믹서에 넣고 갈아준다.

• 단맛이 부족하면 꿀을 섞는다.

3. 당근연근주스

Ingredients
당근 100g
연근 30g
사과 30g
레몬즙 2T
물 200ml

How to
1. 재료를 깨끗이 씻어 껍질채 잘게 자른다.
2. 1과 레몬즙, 물을 넣고 믹서에 갈아준다.

4. 시금치자두주스

Ingredients
시금치 50g
자두 2개
사과 1/2개
우유 200ml

How to
1. 시금치는 잘씻어 3cm 간격으로 썬다.
2. 자두와 사과는 씨를 제거하고 한입크기로 썬다.
3. 1과 2, 우유를 믹서에 넣고 곱게 간다.

Chapter 02

—

잎줄기채소

잎과 줄기를 이용하는 채소로 '엽경채'라고도 한다.
배추나 아욱같이 잎을 이용하는 채소,
아스파라거스나 죽순같이 줄기를 이용하는 채소,
마늘과 양파같이 비늘줄기를 이용하는 채소를 모두 포함한다.

갓
고　　　수
근　　　대
달　　　래
돌　나　물
마　　　늘
머　　　위
미　나　리
배　　　추
부　　　추
상　　　추
셀　러　리
시　금　치
쑥　　　갓
아스파라거스
아　　　욱

양　배　추
유　채
잎　들　깨
　　파
양　　　파
파　슬　리
겨　자　채
루　콜　라
신　선　초
엔　디　브
청　경　채
케　일

꽃 채소
브　로　콜　리
콜　리　플　라　워

Leaf mustard

갓

톡 쏘는 매운맛과 시원함이 일품

주요 영양성분
카로틴, 비타민 B1, B2, C, 시니그린,
글루코시놀레이트, 칼슘, 철

열량
36kcal | 100g (생것)
24kcal | 100g (돌산갓 생것)

맛있는 시기
6월, 10~11월

보관
키친타월 등에 싸서 밑동이 아래로 향하게 하여 냉장고 신선실에 보관한다. 손질한 갓은 키친타월로 싸서 비닐 팩에 밀봉한 후 냉장 보관한다.

배추과 식물에서 파생된 변종 중 하나로, 잎과 줄기는 물론 씨앗까지 모두 식용으로 사용한다. 특유의 매운맛과 시원함은 요리에 포인트를 더한다. 잎 색은 주로 녹색(청갓)과 적색(적갓)을 띠고, 잎에 솜털 같은 가시가 있는 것과 없는 것이 있으며, 잎의 가장자리에 가는 주름이 있는 것과 없는 것이 있다.

갓은 섬유 성분이 적어 조직이 부드럽고 단백질 함량이 다른 채소류에 비해 높다. 또 칼슘, 철 등의 무기질과 비타민 A의 전구물질인 카로틴과 비타민 B1, B2, C의 함량이 높아 피부미용에 좋고 신경작용을 원활하게 하여 스트레스 완화에 도움을 준다. 갓의 매운맛은 배추과 채소 중에 가장 강하며, 잎과 종자에 함유된 매운맛의 주성분인 시니그린과 글루코시놀레이트는 항산화 및 노화 방지에 효과가 있다.

잎이 싱싱하고 윤기가 나며 부드러운 것, 갓 특유의 향이 선명한 것을 고른다

청갓이나 적갓의 경우, 잎이 싱싱하고 크기가 적당한 것, 줄기는 가늘면서 연하고 솜털 같은 가시가 살아있는 것이 좋다.

줄기를 꺾어보았을 때 연하게 부러지는 것이 좋다

🌿 품종

매운맛은 적갓, 돌산갓, 청갓 순으로 적다.

청갓
매운맛이 덜하고 식감이 부드러워 갓김치나 겉절이로 담기 좋다.

적갓
잎이 붉은색을 띠며 두껍지 않다. 김치속 재료로 사용하기 좋다.

돌산갓
청갓의 일종으로, 잎이 크고 주름이 있으며 잎줄기가 넓은 것이 특징이다.

🌿 손질 및 보관

노랗게 시들거나 검은 반점이 생긴 부분은 잘 다듬고, 물에 씻어서 사용한다. 잎의 톡 쏘는 매운맛을 즐기려면 생으로 이용하고, 조리하기 전에 뜨거운 물에 살짝 데치면 효소의 활성화를 도와 매운맛을 더욱 돋우고 고유의 색을 보다 선명하게 만들 수 있다.

보관 시에는 흙이 묻은 상태로 종이에 싸서 밑동이 아래로 향하게 하여 냉장고 신선실에 보관한다. 손질된 갓은 키친타월 싸서 비닐 팩에 밀봉한 후 냉장 보관한다.

🌿 주로 김치와 나물로

잎은 특유의 향과 매운맛, 단맛이 있어 주로 김치와 나물로 쓰인다. 갓으로 김치를 담그면 칼슘이 발효과정에서 젖산과 결합해 젖산칼슘이 만들어지는데, 이것이 인과 결합해 뼈의 주성분이 되므로 골격형성에 도움을 준다.

갓은 용도에 따라 종류를 달리 구매하는 것이 좋은데, 갓김치나 겉절이는 매운맛이 덜하고 식감이 부드러운 청갓을, 김장 양념용으로는 잎이 두껍지 않고 붉은색을 띠는 적갓을 이용한다. 매운맛은 적갓, 돌산갓, 청갓순으로 덜하며, 청갓의 경우 동치미에 넣기도 한다.

한편, 씨앗은 갈아서 향신료인 겨자를 만들고, 약용인 황개자(黃芥子)로 사용한다.

Coriander

고수

미각을 사로잡는 신비로운 향

주요 영양성분
비타민 B1, B2, C, 칼슘, 철분, 시네올, 리놀레산

열량
33kcal | 100g

맛있는 시기
4~6월 (봄 재배), 9~10월 (가을 재배)

보관
물기를 제거하고 신문지나 키친타월 등에 싸서 냉장 보관한다. 고수 열매는 말린 뒤에 병에 모아 냉동실에 보관한다.

우리나라에서는 독특한 향 때문에 먹기를 꺼리는 사람이 많지만, 전 세계에서 가장 많이 이용하는 향신채소 중 하나이다. 중국이나 동남아 지역에서는 거의 모든 음식에 넣어 먹기도 한다. 우리나라에는 고려시대에 중국으로부터 도입된 것으로 추측되며 과거에는 사찰음식 재료로 활용되었고 김치로 담가 먹기도 했다. 잎은 주로 나물이나 채소로 먹고 줄기와 뿌리도 요리에 활용한다. 종자는 향신료로 사용한다. 서양에서는 종자를 갈아 빵이나 과자를 만들 때 넣거나 조미료, 카레 원료, 술을 만들 때 향을 내기 위해 쓴다.

고수는 비타민 B1, B2, C, 칼슘, 철분을 함유하고 있어 식욕을 촉진하고 소화 기능을 자극해 소화가 원활히 되도록 한다. 고수에 들어있는 시네올과 리놀레산은 부기를 줄이고 관절염 예방에 도움을 준다. 한방에서는 열매를 호유자라 하여 건위제, 고혈압 치료제, 거담제로 썼다. 고수 향의 주성분은 지방성 알데히드인 데세날(decenal)인데, 반응성이 높아 가열하면 순식간에 향이 날아간다. 조리 시 함께 끓이지 않고 마지막에 고명으로 넣는 이유이다.

까슬까슬한 잎이 있고 파릇하며 물러 있지 않은 것을 고른다. 고수 특유의 비린 향이 나는 것이 좋다.

포기 채 파는 것은 뿌리 부분까지 싱싱한지 살펴본다.

※ 고수는 잎만 파는 것과 포기 채 파는 것이 있다.

❦ 손질 및 보관

생체로 이용할 때는 누런 잎을 떼고 뿌리 부분의 흙을 칼로 제거하여 흐르는 물에 깨끗이 씻고 물기를 털어내어 사용한다. 향신료로 이용하려면 그늘에 말린 후 사용하는 것이 좋다.

바로 사용하지 않을 경우, 물기를 제거하고 신문지나 키친타월 등에 싸서 냉장 보관한다. 고수 열매는 미성숙한 열매일수록 잎과 같은 향기가 나고 성숙하면서 달콤한 향기로 변하니, 미성숙한 것과 무른 것은 걸러준다. 수분이 없도록 말린 뒤, 병에 모아 냉동실에 보관하는 것이 좋다.

성숙한 열매는 달콤한 향이 난다.

고수 씨와 고수 씨 분말 잎보다 달고 순하므로 잎의 향이 거북한 사람이 도전하기 좋다.

✱ 잎은 향신채소로, 열매는 향신료로

중국이나 태국 등 아시아에서는 잎을 향미채소로 사용하지만, 유럽에서는 주로 열매를 향신료로 사용한다. 열매는 잎과 줄기와는 달리, 귤이나 레몬 계열의 상큼한 시트러스 향이 난다. 다양한 곳에 쓰이지만 주로 피클링 스파이스로 활용한다. 인도 카레의 베이스가 되는 가람 마살라에도 들어가고, 곱게 갈아 소시지나 고기를 굽기 전에 발라 향을 가미하기도 한다.

우리나라는 강화도 지역에서 김치에 고수를 넣기도 하는데, 고수를 넣으면 김치에서 군내를 제거할 수 있기 때문이다.

01 당근과 고수 잎으로 만든 포타주 영국에서 즐겨 먹는다.

02 고수를 향미 채소로 활용한 태국의 수프 똠얌꿍

03 가람 마살라

01   02   03

✱ 고수에서 비누 향이 나는 까닭은

후각과 미각은 화학적 감각으로 냄새 분자나 맛 분자가 직접 수용체 단백질에 달라붙어야 신호가 뇌로 전달된다. 냄새 수용체는 무려 400가지나 되고 맛 수용체도 수십 가지인데, 특히 쓴맛 수용체가 30여 가지에 이른다. 맛에 대한 개인차는 냄새 및 맛 수용체 유전자의 차이 또는 해당 정보를 뇌에서 처리하는 경로의 차이에서 비롯된다. 실제 유전자의 서열을 비교한 결과 개인별로 차이가 꽤 큰 것으로 나타났다.

고수에 대한 선호도는 냄새 및 맛 수용체가 복합적으로 작용한 결과이다. 즉 냄새 수용체인 OR4N5와 OR6A2의 SNP 유형에 따라, 상쾌한 향기가 난다는 사람에서부터 비누 냄새가 난다는 사람에 이르기까지 그 반응이 극단적이다. 또 TAS2R1이라는 쓴맛 수용체도 관여해 역시 SNP 유형에 따라 고수가 들어있는 음식을 먹었을 때 쓴맛의 정도가 다르다.

고수에서 비누 향과 맛을 느끼는 사람들은 후각 수용체 유전자인 OR6A2가 변형되어 고수 속 알데하이드 성분 냄새를 감지한다고 한다. 이 화학 성분은 비누, 로션, 벌레 등에서 발견된다. 한 연구에서는 전 인구의 약 10%가 이러한 유전자 특성을 가지며, 특히 동아시아 사람들의 비율이 높고 고수 소비가 많은 중동 등지에서는 발생 비율이 적다는 사실을 밝혀내기도 했다.

유전자 외에 환경적인 요인이 작용한다는 주장도 있다. 미국의 National Twin Day 연구에 따르면, 유전정보가 일치하는 일란성 쌍둥이 중 약 80%가 고수를 좋아하거나 싫어하는 성향이 같았고, 이란성 쌍둥이는 50%만이 같은 성향을 보였다.

Swiss chard; spinach beet

근대

끈질긴 생명력이 장점

주요 영양성분
베타카로틴, 비타민 B1, B2, E, K,
제아크산틴, 루테인, 라이신, 페닐알라닌,
베타인, 마그네슘

열량
18kcal | 100g

맛있는 시기
4~7월, 11월 (가을 재배)

보관
종이나 신문지 등으로 감싼 후 밀폐 용기에
담아 냉장 보관한다.

생육환경에 대한 적응성이 뛰어나 어디서나 잘 자라기 때문에 '영원한 시금치' 또는 일 년 내내 자라는 식물이라 해서 '불단초'로 불린다. 영명의 Swiss chard는 프랑스 품종 시금치와 구별하기 위해 붙인 것으로 스위스와는 아무 관련이 없다. 가뭄과 더위를 잘 견뎌 한여름에도 재배가 가능한 장점이 있으며 도시 원예 정원에서 볼거리 채소로도 인기가 높다. 근대는 베타카로틴, 비타민 B1, B2, E, K를 비롯해 칼슘, 인, 철, 마그네슘 등의 무기질과 식이섬유가 풍부하다. 피로회복과 스트레스 완화에 도움을 주고 피부 미용과 다이어트에 효과적이며, 소화 기능과 혈액순환을 원활하게 한다. 또 제아크산틴과 루테인 같은 항산화 물질을 함유하여 눈 건강에 도움을 주고, 라이신, 페닐알라닌, 루신 등의 필수아미노산이 많아 성장기 어린이의 성장 발육에 좋다. 근대 뿌리에 있는 베타인 성분은 이뇨 작용을 촉진해 체내 노폐물 배출을 원활하게 한다.

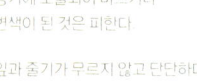
공기에 노출되어 마르거나
변색이 된 것은 피한다

잎과 줄기가 무르지 않고 단단하며,
신선한 녹색 광택을 띠는 것을 고른다.

잎이 너무 크거나 줄기가 지나치게 긴
것은 억세고 풋내가 난다.

데친것을 구매할 때는
이물질이 없고 줄기가 짙은 녹색을 띠며
굵기가 일정하고 연한 것을 고른다.

품종

주요 품종으로는 광엽종, 소엽종, 적엽종, 서양종이 있는데, 우리나라는 비교적 키가 작은 소엽종을 주로 재배한다.

적근대

잎줄기와 잎맥이 짙은 붉은색을 띠는 근대의 한 종류. 주로 쌈 채소와 샐러드용으로 사용된다.

최근에는 잎자루가 백색, 황색, 적색과 같이 다양한 줄기 색을 가진 근대가 수입되어 재배되고 있다.

손질 및 보관

근대는 줄기 끝을 꺾어 질긴 섬유질은 벗겨내고 연한 잎 부분을 사용한다. 흐르는 물에 씻은 후 잎과 줄기를 분리해 각 용도에 맞게 사용한다. 줄기는 그늘에 말린 후 데치면 질긴 식감과 풋내를 제거할 수 있다.
보관할 때는 종이나 신문지로 감싼 후 밀폐 용기에 담아 냉장 보관한다.

★ 마늘과 함께 먹으면 비타민 B1의 흡수를 높여

비타민과 무기질이 풍부한 영양 채소인 근대는 단백질이 많은 두부나 유부, 고기나 생선 등에 곁들이면 에너지 대사에 좋은 배합이 된다. 알리신이 든 마늘과 함께 먹으면 비타민 B1의 흡수율을 높일 수 있다. 근대는 수산(옥살산염) 성분을 함유하고 있어서 쌈이나 나물로 먹을 때 뚜껑을 열고 데쳐낸 후 이용하면 좋다.

Recipe

구수한 근대 된장국

Ingredients

근대 200g
홍고추
청양고추 반개씩
멸치육수 5C
된장 2T

다진마늘 1작은술
소금 약간

How to

1. 근대를 물에 씻어 3cm 길이로 썰고, 홍고추, 청양고추는 어슷썬다.
2. 냄비에 육수를 붓고 된장을 풀어 끓이다가 근대를 넣고 10분 정도 끓인다.
3. 2에 다진마늘, 청홍고추를 넣고 마지막에 소금으로 간을 맞춘다.

- 고추장을 넣으면 칼칼하게 먹을 수 있다.
- 육수 만들때 마른 새우나 다시마를 같이 넣으면 더욱 깊고 시원한 맛을 낼 수 있다.

Wild chive; Wild garlic

달래

향긋한 봄 내음을 느낄 수 있는 채소

주요 영양성분
비타민 A, B1, B2, K, 알리신, 철분, 칼슘, 칼륨

열량
28kcal | 100g

맛있는 시기
3~5월 (노지재배), 12~2월 (시설재배)

보관
물을 살짝 뿌려서 신문지 등으로 감싸고 비닐 팩에 넣어 냉장고 신선실에 보관. 장기간 보관 시에는 먹기 좋은 크기로 썰어 밀폐 용기에 담아 냉동 보관.

독특한 향과 알싸한 매운맛으로 냉이와 함께 봄철 채소로 즐겨 먹는 달래는 원래 자연 상태에서 자라는 것을 채취했으나, 1990년대 초부터 상업적인 시설재배가 이루어지면서 최근 시중에 판매되는 달래는 주로 하우스 재배한 것이다. 마늘과 사촌쯤 되며 한방에서는 '들마늘'(Wild garlic)이라고 불린다. 영하 20도까지도 얼어 죽지 않는 강인한 생명력을 지녔지만 더위에는 약하여 여름에는 줄기와 잎이 쉽게 타서 마른다. 특별히 개량된 품종은 없으며 각 지방에서 자라는 자생종을 재배하고 있다. 잎, 줄기, 뿌리 전체를 먹는다.

달래는 비타민 A, B1, B2, K 등 다양한 비타민 성분을 함유하고 있으며, 칼슘과 칼륨 등의 무기질이 다량으로 들어있다. 특히 철분을 많이 포함한다. 이들은 체내 신진대사를 촉진하고 면역력을 향상시켜 감기, 비염 등의 호흡기 질환을 예방한다. 비타민 B군은 환절기 입술 터짐이나 잇몸병에 도움이 되고, 철분은 여성 질환 및 빈혈증상을 완화하고 간장 작용을 도우며 동맥경화를 예방한다. 매운맛을 내는 알리신 성분은 위액의 분비를 촉진시켜 소화 작용을 도와주고, 입맛이 없을 때 섭취하면 식욕증진 효과가 있다. 또 강력한 항균 및 살균 효과로 몸속의 유해한 바이러스나 세균을 제거하고 체내 노폐물을 몸 밖으로 배출시킨다.

달래 주아

❦ 손질 및 보관

달래를 손질할 때는 둥근 알뿌리는 껍질을 한 꺼풀 벗기고 깨끗한 물로 씻는다. 씻을 때는 흙이 떨어져 나갈 수 있게 흔들어 씻고 가는 줄기 사이사이에 이물질이 없는지 한 뿌리씩 떼어내어 씻는다. 뿌리 부분에 딱딱한 돌기 같은 것이 있는데, 반드시 떼어낸 후 이용한다. 달래는 시간이 지날수록 매운맛이 약해지고 잎과 줄기가 가늘어 쉽게 무를 수 있으므로 되도록 빨리 먹는 것이 좋다.

보관 시에는 달래에 물을 살짝 뿌려준 뒤에 키친타월이나 신문지 등으로 감싸 비닐 팩에 넣은 후 냉장고 신선실에 보관한다. 장기 보관 시에는 먹기 좋은 크기로 썰어서 밀폐용기에 담아 냉동 보관한다. 다만 냉동 보관했던 달래는 생채로는 쓸 수 없으며, 국이나 찌개 등에 넣어 사용한다.

✿ 흰 달래? 은달래!

주로 가을부터 이듬해 봄까지 줄기를 제외한 알뿌리나 싹이 틀 무렵의 알뿌리를 수확하여 이용하는 것으로 향이 더 강한 특징이 있다.

✿ 다량의 칼슘을 함유한 알칼리성 식품

달래는 독특한 맛과 향을 가지고 있는 채소로 알뿌리는 양파와 비슷한 비늘줄기이고, 잎은 쪽파와 비슷하다. 그러나 달래와 유사한 맛을 내는 파나 마늘은 산성식품인 반면, 달래는 다량의 칼슘을 함유한 알칼리성식품이다. 불교에서는 오신채(五辛菜) 중 하나로서 수양에 방해가 된다 하여 금할 정도로 원기회복과 자양강장에 효과가 좋다.

비타민과 무기질, 칼슘이 풍부해 육류와 함께 먹으면 콜레스테롤 저하에 좋고, 달래를 무칠 때 식초를 넣으면 입맛을 돋우고 비타민 C의 파괴를 막아준다. 수염뿌리에도 영양소가 많으므로 버리지 않고 함께 먹는 것이 좋다.

Recipe

입맛 돋우는 새콤한 달래무침

🥗 Ingredients

달래 150g
간장 1T
고추가루
통깨
식초 1/2T

🍲 How to

1. 달래는 알뿌리의 얇은 껍질은 벗기고 깨끗이 씻은 후 5cm 간격으로 썬다.
   알뿌리가 굵은 것은 칼등으로 으깬다.
2. 달래를 먼저 고추가루를 넣고 버무려 색을 내고, 간장, 식초, 통깨를 넣고 무친다.

- 오이를 얇게 썰어 같이 무치면 식감이 좋다.
- 레몬즙을 살짝 넣어도 좋다.

Stringy stone crop

돌나물

돌 위에서 자라나는 강인한 생명력

주요 영양성분
비타민 C, 인산, 칼슘, 피토에스트로겐

열량
15kcal | 100g

맛있는 시기
3~5월

보관
비닐 팩에 젖은 키친타월과 함께 넣고 냉장 보관한다. 냉동 보관은 하지 않는다.

양지바른 돌 사이에서 자라 돌나물이라고 부른다. 지역에 따라 '돈나물', '돗나물', '돈냉이'라고 부르기도 한다. 자생력이 강해 아무데나 뿌리를 내려 잘 자란다. 대표적인 봄채소로 아삭한 식감과 수분이 많아 주로 이른 봄에 생채로 이용한다. 가장 맛있는 시기는 3~5월로, 요즘에는 가을부터 이듬해 봄까지 온실 재배하여 출하하고 있다.
돌나물은 섬유질이 적고 비타민 C와 인산이 풍부해 새콤한 신맛을 내어 봄철 춘곤증을 이기고 식욕을 촉진하는 채소이다. 수분함량 또한 수박보다 많아 봄철 건조해진 피부에 수분을 더해준다. 동량의 우유보다 칼슘 함량이 많고, 에스트로겐을 대체할 수 있는 피토에스트로겐 성분을 다량 함유하고 있어 폐경 이후 여성호르몬 감소로 인한 고지혈증, 피부탄력 감소, 골다공증 증상의 개선에도 도움을 준다.

돌나물 꽃

줄기에 여러 개의 잎이 돌려 나있다.
줄기가 계속 자라므로 먹을 만큼만 소량 구입!
마디 사이가 짧고 잎이 통통하여 윤기가 나는 것을 고른다.
잎이 짓눌려 있거나 색이 흐리고 선도가 떨어지는 것,
잡티가 섞인 것, 꽃이 핀 것은 피한다.

❦ 손질 및 보관

돌나물은 잎이 매우 연하므로 짓무른 잎 정도만 제거하고 체에 담아 흐르는 물에 털면서 씻어준다. 체에 담은 채로 소금물에 2~3회 담갔다가 빼 주면 특유의 풋내를 잡을 수 있다. 오래 씻으면 짓무르기 때문에 짧게 씻어 오래 두지 않고 바로 먹는다.

보관 시에는 비닐 팩에 젖은 키친타월과 함께 넣어 냉장 보관한다. 2~3일 정도 싱싱한 상태를 유지할 수 있다. 냉동 보관은 하지 않는다.

❦ 입맛을 돋아주는 돌나물

수분이 많고 아삭한 식감을 지녀 보통 생채로 먹는다. 이른 봄철 김장 김치가 떨어지면 연한 순을 나물로 먹거나 물김치를 담가서 먹으면 입맛을 돋아준다.

돌나물을 무칠 때는 손으로 무치면 풋내가 나고, 무친 후 오래 두면 숨이 죽어 볼품이 없어지므로, 그릇에 담아 키질을 하듯 그릇째 위아래로 흔들어서 간이 고루 배게 하는 것이 좋다.

✽ 약으로 쓰이는 돌나물

돌나물의 전초를 건조한 것을 석지갑(石指甲) 또는 수분초(垂盆草)라 하여 약용으로도 사용한다. 열을 내리고 해독 작용이 하며 부기를 가라앉혀 인후통, 열림(熱淋), 옹종(癰腫), 화상, 뱀에 물린 상처 등에 쓰인다.

Garlic
마늘
식욕을 돋우는 매력 만점 향신 채소

주요 영양성분
비타민 B1, B2, C, 칼륨, 칼슘,
디알릴설파이드, 알리신, 게르마늄, 셀레늄

열량
123kcal | 100g (깐마늘 생것)

맛있는 시기
6~7월(한지형), 5~6월(난지형), 12~3월(풋마늘)

보관
통마늘은 그물망에 넣어 바람이 잘 통하는 서늘한 곳에, 깐마늘은 물기 제거 후 밀폐 용기나 지퍼 백에 담아 냉장 보관한다. 다진 마늘은 소분 후 냉동 보관.

건국신화에 등장할 정도로 우리에게 친숙한 마늘은 배추, 무, 고추와 함께 우리나라 사람들이 가장 즐겨 먹는 4대 채소라 할 수 있다. 식품으로서의 이용가치뿐 아니라 뛰어난 항균, 살균작용과 같은 약리적 효능 덕분에 건강식품으로도 인식된다.

마늘은 단백질, 지질, 섬유소와 칼슘, 칼륨, 철 등의 무기질, 비타민 B1, B2, C 등이 함유되어 있다. 마늘 특유의 향을 내는 디알릴설파이드 성분과 매운맛을 내는 알리신이 함유되어 있어 강력한 살균작용을 하며 면역력 강화에 도움을 준다. 알리신 성분은 체내 비타민 B6와 결합하여 췌장 세포의 기능을 활성화하고, 인슐린의 분비를 원활하게 해 혈당을 떨어뜨리는 데도 효과적이다. 또한, 비타민 B가 풍부하여 인체의 에너지 대사를 원활하게 해주고, 유기성 게르마늄과 셀레늄 성분도 다량 함유되어 있어 암세포의 억제와 예방에 도움을 준다. 스코르디닌 성분이 함유되어 정력과 원기를 보강해 체질 극복에 도움을 준다.

쪽수가 많은 것보다 적은 것이 좋고, 짜임새가 단단하고 알차 보이는 것을 고른다

들었을 때 묵직하고, 쪽과 쪽 사이의 골이 분명한 것이 좋다.

맑은 연노랑 빛을 띠고 통통하되 끝부분이 뾰족하고 뿌리 부분이 좁은 것을 고른다. 고유의 매운맛과 향이 강한 것이 좋다.

※싹이 돋거나 썩은 부분이 있는지 살펴본다

품종

한지형

난지형

한지형은 뿌리내림이나 움트는 것이 늦은 마늘로 겨울을 나기 전에는 싹이 트지 못한다. 마늘쪽은 6~8개 정도로, 매운맛이 강하고 저장성이 좋다.

난지형은 가을에 뿌리내림이 시작되어 어느 정도 자란 상태에서 겨울을 보내는 마늘로, 매운맛이 적고 저장성도 약한 편이다.

손질 및 보관

통마늘은 마늘쪽을 떼어낸 후 껍질을 벗겨 사용한다. 깐마늘은 취향에 따라 통으로 혹은 편으로 썰어서 조리에 사용하고 마늘 밑동 부분은 제거한다.

보관 시에는, 통마늘의 경우 햇빛에 말려 수분을 날린 후 그물망에 넣어 바람이 잘 통하는 서늘한 곳에 둔다. 깐마늘은 물기를 제거한 후 밀폐 용기나 지퍼백에 담아 냉장 보관한다. 다진 마늘의 경우 필요한 만큼 용기에 담아 냉장 보관하고, 남은 것은 지퍼백에 편편하게 펴서 한 번에 사용할 만큼 잘라 냉동 보관하거나 얼음 트레이에 소분 후 냉동 보관한다.

마늘 껍질 쉽게 벗기는 방법

① 전자레인지에 넣고 5~10초 정도 돌리기
② 고무장갑을 끼고 마늘 비비기
③ 물에 담갔다가 벗기기

마늘 냄새 제거하는 방법

① 마늘 섭취 후

우유를 천천히 마시거나 재스민차, 허브차를 약간 진하게 타서 마신다.
된장국에도 탈취 성분이 있으므로 도움을 준다.

② 손에 밴 냄새

마늘을 까고 손끝에 밴 냄새는 식초 몇 방울을 떨어뜨린 물에 씻으면 말끔히 없어진다.

한식에 빠지지 않는 식재료

마늘은 우리나라의 4대 채소 중 하나로, 강한 향이 잡내를 없애고 음식의 맛을 좋게 하며 식욕을 증진하는 효과가 있어 우리나라 요리에 빠지지 않는 중요한 식재료이다. 통마늘은 육수를 내거나 구워 먹거나 장아찌를 만들 때 사용하며, 편으로 썬 마늘 역시 구워 먹거나 볶음요리의 재료로 활용한다. 다진 마늘은 찌개나 국에 넣어 감칠맛을 살린다.

마늘은 동서양에서 모두 즐겨 먹지만, 동양에서는 마늘을 요리의 마지막 단계에 넣어 향을 즐기는 편이고, 서양에서는 기름에 볶거나 물에 삶아 될 수 있는 한 향을 적게 사용한다.

콜레스테롤을 낮춰주는 대표적인 식품으로 삼계탕 등 육류요리와 잘 어울린다.

마늘종

마늘의 꽃줄기로, 연한 것을 쪄 먹거나 장아찌로 만들어 먹는다.

썩은 것이 아니다! 흑마늘의 효능

마늘을 숙성 발효시킨 흑마늘은 생마늘보다 폴리페놀이 10배, 아미노산이 2.5배 높다. 항산화 작용도 10배 이상 높다. 마늘의 강한 향은 사라지고 맛은 새콤달콤하다.

Giant butterbur

머위

겨울을 깨트리는 이른 봄채소

주요 영양성분
비타민 A, C, 철분, 칼슘, 식이섬유, 폴리페놀, 콜린

열량
17kcal | 100g (생것)
25kcal | 100g (데친것)

맛있는 시기
1~7월

보관
수분이 마르지 않도록 비닐 팩에 넣어 냉장 보관한다. 껍질을 벗긴 머윗대는 삶은 물을 잠길 만큼 넣어서 냉장 보관한다.

우리나라에 자생하는 식물로 원래는 재배하지 않고 야생 상태의 머위를 채취해서 이용하였으나, 1990년대 후반부터 시설재배도 이루어져 거의 연중 먹을 수 있는 채소가 되었다. 머우, 머구, 머윗대 등으로 불리기도 하며, 잎자루는 1m 이상까지도 자란다. 암그루와 숫그루가 따로 있으며 암꽃은 백색, 수꽃은 황백색으로 핀다. 잎이 나오기 전 이른 봄에 꽃이 먼저 피는데 '겨울을 두드려 깨우고 피는 꽃'이라고 하여 관동화라고 부른다.

머위는 폴리페놀 성분을 다량 함유하고 있어 항산화, 항알레르기 효과가 있고, 콜린 성분은 독소를 해독한다. 폴리페놀 함량은 잎, 줄기, 꽃 순으로 많고, 재배지와 채취시기에 따라 함량이 달라진다.

머위 잎에는 비타민 A가 풍부하고, 줄기(머윗대)는 칼슘 함량이 풍부해 신체저항력을 높이고 뼈 건강에 도움을 준다. 또한, 섬유질이 많아 다이어트에 좋고 변비를 예방한다.

잎은 진한 녹색에 시들지 않은 것을 고른다.

머위 줄기는 머윗대라고 한다. 비슷하게 생긴 고구마 잎자루와 헷갈리지 않는다. 붉은 빛이 돌고 눌렀을 때 단단하며 너무 굵거나 가늘지 않고 대가 곧게 뻗은 것을 고른다.

삶아서 파는 머위는 공기에 노출되어 껍질이 갈색으로 변하므로 깨끗하게 잘 벗겨진 것을 고른다.

❦ 손질 및 보관

머위는 요리에 사용하기 전 소금물에 삶아낸 후 바로 찬물에 담가 갈변을 예방한다. 잎과 줄기의 겉껍질은 벗겨낸다. 삶을 때는 끓는 물에 줄기, 잎의 순서로 넣고 3~5분가량 데치고 색이 변하면 재빨리 꺼내 찬물에 식힌다. 찬물에 식히는 과정에서 머위의 아린 맛과 쓴맛도 제거된다.

신선한 머위는 수분이 마르지 않도록 비닐 팩에 넣어 냉장 보관하고 최대한 빨리 섭취한다. 껍질을 벗긴 머윗대는 수분 손실률이 높아지므로 머윗대가 잠길 만큼 삶은 물을 함께 넣어 냉장 보관한다. 이대로 냉동하면 더 오래 두고 사용할 수 있다. 머윗잎을 건조할 때는 삶아서 물기를 짠 뒤에 채반에 넣어 통풍이 잘 되는 곳에서 말린다.

★ 고구마 잎자루와 비슷한듯 다르다

고구마 잎자루는 머윗대에 비해 가늘고, 자주색이나 연녹색을 띤다.

머위 줄기

고구마 잎자루

❦ 데쳐서 먹는 것을 추천

생으로 먹기보다는 데쳐서 활용하는 것을 추천한다. 머위의 쓴맛은 머위에 다량 함유된 폴리페놀 성분 때문인데 수용성이라 데쳐주면 용출되어 쓴맛을 줄여준다. 또한, 머위에는 페타시테닌과 후키노톡신이라는 미량의 독성물질이 있는데, 역시 수용성이고 열에 약해 데치는 과정에서 제거된다.

어린 머위는 쓴맛이 약하고 부드러워 잎과 줄기를 통째로 조리에 활용하기 좋다. 꽃은 어릴 때 튀김으로, 잎은 양념 무침, 쌈, 장아찌로 이용한다. 요즘은 녹즙이나 샐러드, 조림, 탕이나 찌개 등에도 활용한다.

★ 잡초 걱정 없이

머위는 환경 적응력이 뛰어나 논둑, 밭둑, 담장 밑 어느 곳에서나 잘 자란다. 한번 자리를 잡으면 잎이 넓고 잎자루가 길어 어지간한 잡초는 발을 들여놓지 못한다.

Water dropwort

미나리

추운 겨울에도 푸른빛을 간직하는 고고함

한국 전역을 비롯해 중국과 동남아시아 지역에서 볼 수 있는 미나리과 다년생 풀. 심는 장소에 따라 크게 물미나리와 돌미나리로 구분한다. 미나리는 비타민 A, B, C, E와 칼슘, 인, 철 등의 무기질, 섬유질이 풍부한 알칼리성 식물로, 몸속에 쌓인 독소를 배출하고 혈액을 정화시키는 데 탁월하다. 미나리의 초록빛 색소인 퀘르세틴과 캠프페롤은 항암 성분으로 다량 함유되어 있으며, 특유의 향을 내는 방향성 정유 성분 이소람네틴, 페르시카린, 알파파이넨, 미르센 등은 입맛을 돋워 머리를 맑게 하고 혈액을 깨끗하게 한다. 한방에서는 수근(水芹), 수영(水英)이라 하여 열을 내리고 소변을 잘 보게 하는 약재로도 사용한다.

주요 영양성분
비타민 A, B, C, E, 칼륨, 인, 철, 식이섬유, 이소람네틴, 페르시카린, 퀘르세틴, 캠프페롤

열량
물미나리: 22kcal | 100g (생것)
　　　　 25kcal | 100g (데친 것)
돌미나리: 21kcal | 100g (생것)
　　　　 19kcal | 100g (데친 것)

맛있는 시기
11~3월

보관
신문지 등으로 밑동 부분을 감싸 비닐 팩에 밀봉하여 세워서 냉장 보관한다. 장기 보관 시에는 데친 후에 비닐 팩에 소분하여 냉동 보관한다.

잎과 줄기가 누렇게 되거나 시든 것은 수확 후 시간이 오래 지난 것으로 피한다.

선명한 녹색으로 줄기가 너무 굵지 않으면서 잎 길이가 전체적으로 비슷한 것을 고른다.

줄기가 두꺼운 것보다 얇은 것이 식감이 좋다. 꺾었을 때 쉽게 부러지고, 단면에 수분감이 있는 것이 신선한 것이다.

잔뿌리가 많거나 줄기 마디가 굵은 것은 억센 것이니 피한다.

🌿 품종

물미나리

줄기가 길고 잎이 연하며, 주로 논에서 재배되어 논미나리로도 불린다.

돌미나리

줄기가 짧고 단단하며 잎사귀가 많다. 주로 밭에서 자라며 습지나 계곡 등에 야생하기도 한다. 물미나리에 비해 향이 강하다.

🌿 손질 및 보관

시든 입을 떼어내고 물에 적신 키친타월이나 신문지로 밑동 부분을 감싼 후 비닐 팩에 밀봉하여 세워서 냉장 보관하면 수분 증발을 막아 신선함을 유지할 수 있다. 장기 보관 시에는 끓는 물에 미나리를 데치고 찬물에 식힌 후, 물기를 짜내고 비닐 팩에 소분하여 냉동 보관한다.

물미나리는 논과 같은 습지에서 자라기 때문에 거머리가 있을 수 있는데, 거머리는 주로 줄기 안의 빈 공간에 있어 식초를 한 큰술 탄 물에 담가두면 빠져나온다. 하지만 요즘 제철 미나리는 수경 재배나 하우스 재배 방식으로 깨끗하게 재배되고, 세척하여 출하되기 때문에 청결한 상태의 미나리를 만날 수 있다. 줄기 끝부분을 1cm 정도 자른 후 흐르는 물에 살살 흔들어 씻어 사용한다.

🌿 잡내와 비린내 제거에 탁월

미나리는 주로 잎과 줄기를 잘라 먹는다. 잎에는 항산화 성분이 줄기보다 약 6배가량 많으므로 잎과 줄기를 함께 먹는 것이 좋다. 씹었을 때 느껴지는 특유의 향긋함과 부드러운 식감이 특징인 미나리는 탕이나 찜, 볶음 등의 요리에 향미 채소로 활용하면 잡내나 비린내를 제거할 수 있다. 살짝 데쳐서 나물이나 미나리강회로 먹으면 특유의 향긋함과 부드러운 식감을 즐길 수 있다. 미나리를 소금물에 데치면 잎의 퀘르세틴과 캠프페롤 성분이 60%가량 증가한다.

Kimchi cabbage

배추

한국인이 가장 즐겨먹는 채소이자 김치의 주재료

주요 영양성분
비타민 C, 칼륨, 칼슘, 마그네슘, 아연, 식이섬유, 시스틴, 글루코시놀레이트

열량
15kcal | 100g (가을배추 생것)
23kcal | 100g (봄동 생것)
14kcal | 100g (얼갈이배추 생것)

맛있는 시기
5~6월, 10~12월

보관
서늘한 곳에 세워서 보관한다. 손질한 배추는 비닐 팩에 담아 냉장고 신선실에 보관한다.

배추는 우리나라 사람들이 가장 많이 먹는 채소로 김치의 주재료이기도 하지만 무, 고추와 함께 즐겨 먹는 3대 채소이다. 우리나라에 도입된 시기는 확실하지 않으나 13세기경 '향약구급방(1236)'에 배추와 관련된 문자인 '숭(崧)'이 처음으로 등장하였고 당시에는 채소가 아닌 약초로 이용되었다고 한다. 잎사귀의 색은 녹색과 황록색계통이 있으며 최근에는 자색계통도 재배되고 있다.

우리나라의 배추 육종기술은 놀라운 발전을 거듭하여 세계 최고의 기술을 우리나라가 보유하고 있으며 이를 바탕으로 2012년 Codex(국제식품규격위원회)에서 우리 배추를 'Kimchi cabbage'로 명명하는 성과를 이루어 내었다. 2013년에는 우리나라 '김장문화'가 유네스코 인류무형문화유산으로 등재되기도 했다.

생육적온이 15~20℃로 서늘한 기후에서 잘 자라며 겨울재배가 가능하고 월동배추를 먹을 수 있는 것은 -8℃까지 견딜 수 있는 배추의 생존능력 때문이기도 하다.

배추는 아삭한 식감과 달달하고 시원한 맛으로 김치뿐만 아니라 다양한 음식에 이용되고 있다. 유럽에서는 샐러드 채소로 이용하기도 하며 중국에서는 '백가지 채소가 배추만 못하다'는 말이 있다.

일반적인 배추 1속의 무게는 3~4kg 정도인데 들었을 때 묵직한 것이 좋고, 크기에 비해 너무 가벼운 것은 피하는 것이 좋다.

뿌리는 크기가 작고 뿌리 주변이 단단한 것을 고르고, 뿌리에 검은 테가 있는 것은 줄기가 썩은 것이므로 피하는 것이 좋다.

배추를 양손으로 감싸서 눌러 봤을 때 단단한 느낌이 있는 것이 속이 차고 좋은 것이다. 겉잎은 짙은 녹색을 띠고 속잎은 신명한 노란색을 띠는 것이 좋으며 잎이 잘 싸여 있는 것을 고른다.

잘려있는 배추는 자른 단면이 하얗고 심 부분이 너무 길지 않고 부풀어 오르지 않으며 속이 찬 것을 고른다.

❦ 손질 및 보관

밑동을 잘라낸 후 배추를 2~4 등분하고 씻을 때는 뿌리 부분을 중심으로 흐르는 물에 여러 번 흔들어 씻는다.

배추는 호냉성 채소이기 때문에 기본적으로 서늘한 곳에 보관하는 것이 좋다. 너무 덥지 않을 때는 실외에 보관하도록 하고, 그렇지 않은 경우에는 키친타월이나 종이에 싸서 냉장고에 세워 보관하도록 한다. 세워두면 쉽게 물러지는 것을 방지할 수 있다. 배추를 말려서 시래기로 만들면 장기간 보관할 수 있다.

이미 씻었거나 잘라 놓은 배추는 물기를 제거한 후 비닐 팩에 담아 냉장고 신선실에 보관하고, 금방 사용하지 않으면 무르거나 시들게 되니 필요한 만큼 겉에서부터 한 잎씩 잘라 사용하는 게 좋다.

★ 겉면의 푸른 잎도 버리지 않는다!

배추의 비타민 A와 C는 특히 녹색 잎 부위에 많이 들어있기 때문에 겉의 푸른 잎도 버리지 않고 모두 이용하면 좋다. 또, 구수한 맛을 내는 시스틴이 들어있어 국물요리에 배추를 넣으면 구수하고 시원한 맛이 우러나와 전골 요리나 국을 끓일 때 이용하면 좋다.

❦ 효능

배추는 100g당 15kcal로 다른 식품들에 비해 열량이 낮고, 칼슘, 칼륨, 나트륨, 인, 철 등의 무기질과 비타민C가 풍부하게 들어있어 감기예방 및 피로회복에 효과적이다. 배추 100g당 비타민 C가 9mg 정도 들어있는데 이것은 사과의 7배가 넘는 양이며 배추의 비타민C는 열 및 나트륨에 의한 손실률이 낮기 때문에 볶음이나 국물요리 시에도 섭취할 수 있다. 또한, 배추는 섬유질이 풍부해 먹었을 때 포만감을 주어 식사량을 조절하거나 변비를 개선하는데 도움을 준다. 칼륨의 함유량은 100g당 220mg으로 특히 심부분에 많이 들어 있어 체내 노폐물과 과다 섭취된 염분 배출에 도움을 준다. 배추의 '시스틴(cystine)'은 아미노산 일종으로 항산화와 해독작용을 하며, 특히 숙취해소에 도움을 주고, 글루코시놀레이트는 항암 기능뿐만 아니라 항균과 살충 작용을 하는데 배추, 양배추, 무, 순무, 브로콜리 등 배추과 식물에 많이 함유되어 있다.

★ 봄동배추와 얼갈이배추

봄동배추   얼갈이배추

봄동배추는 원래 노지에서 겨울을 보내어 속이 들지 못한 배추인데 고소한 맛이 나는 특징이 있으며 요즈음이 모양이 비슷한 전용품종을 만들어 재배되고 있다.

얼갈이배추 또한 속이 차지 않게 씨앗을 뿌린 후 30~40일 정도로 생육기간을 짧게 하여 덜 자란 상태에서 이용하며 얼갈이는 '계절이 어긋난다' 또는 '논밭을 대강 갈아엎는다'는 의미이다.

★ 맵고 따뜻한 재료와 함께 먹는다

배추는 서늘한 기운이 있어 몸이 차고, 소화가 안 되는 사람은 생으로 먹는 것보다 익혀서 먹는 것을 추천한다. 파, 마늘, 고추, 생강 같은 맵고 따뜻한 재료와 함께 먹으면 차가운 성질을 누그러뜨린다.

Chinese chive

부추

기를 살리고 몸을 따뜻하게 하는 채소

천연 자양강장제라는 말이 있을 정도로 양기를 돋우는 데 좋은 채소. 한중일 및 동남아시아 등지에 분포한다. 우리나라에는 고려시대부터 즐겨 먹은 것으로 추측되며, 지역에 따라 정구지, 부채, 부초, 솔 등으로 불리기도 한다. 한 번 씨를 뿌리면 이듬해부터는 뿌리에서 싹이 돋아 계속 자란다. 잎 모양에 따라 소엽종, 대엽종으로 나뉘며, 조선부추로 불리는 재래종이 있다.

부추는 베타카로틴, 비타민 B1, B2, B6을 비롯해 비타민 C, E, K가 풍부하며, 칼슘, 철 등의 무기질 성분이 골고루 함유되어 있다. 베타카로틴과 비타민 C, E는 항산화 비타민으로 노화를 방지하고 피부를 맑게 한다. 부추의 정유 성분인 알리신과 비타민 B군이 결합하여 흡수율을 높이며 피로회복을 도와준다.

주요 영양성분
베타카로틴, 비타민 B1, B2, B6, C, E, K, 칼슘, 철, 알리신

열량
22kcal | 100g (재래종 생것)

맛있는 시기
3~11월

보관
수분이 닿으면 빨리 상하므로 손질 전에는 흙이 묻은 상태로 종이에 싸서 냉장실에 보관한다.

냄새를 맡았을 때 이취가 없이 싱그러운 부추 향이 나고 밑의 단면이 싱싱한 것이 신선한 부추이다

잎의 끝이 마르거나 뒤틀려 있지 않고 선명한 녹색에 윤기가 나는 것이 좋다.

줄기가 너무 크거나 두껍지 않은 것을 고른다.

잎줄기채소

품종

소엽종
잎이 가늘고 둥글며 추위와 더위에 강한 편이다.

대엽종
잎이 납작하고 크며 더위와 건조에 약하다.

- 재래종인 조선부추도 있는데, 잎 폭이 좁고 길이가 짧으며 매운맛이 강하고 향이 진하다.

손질 및 보관

시든 잎이나 잡풀을 골라내고 뿌리 부분에 묻어 있는 흙과 이물질을 흐르는 물에 씻어준다. 잎이 매우 여려서 여러 번 치대거나 상처를 입으면 풋내가 심하게 나므로 살짝 흔들어 건지듯 씻는다. 단면의 끝부분은 가지런히 하여 약간 잘라낸다. 선도가 쉽게 떨어지므로 될수록 빨리 먹는 것이 좋다. 수분이 닿으면 빨리 상하므로 손질 전에는 흙이 묻은 상태로 종이에 싸서 냉장실에 보관한다.

뿌리도 영양 만점

밑동의 흰 부분은 특유의 향과 맛을 내는 알리신 성분이 다른 부위보다 4배가량 더 높다. 맛과 아삭함을 위해서라도 너무 많이 잘라내어 버리지 말자.

육류에 곁들여 잡내를 제거

부추는 주로 겉절이나 무침으로 먹지만 전, 김치, 잡채 등의 요리에도 넣어 먹는다. 만두 속이나 오이소박이의 속, 찌개나 탕에도 활용한다. 부추의 매운 듯 자극적인 냄새는 알리신이라는 황 함유 화합물에 기인하는 것으로, 육류의 냄새를 제거해 고기 요리와 함께 먹으면 좋다. 보통 잎이 연하고 가는 것이 맛있는데, 부드럽고 연한 잎은 생채나 나물로 무쳐서 먹고, 자라서 질긴 잎은 소고기, 돼지고기, 생선, 버섯 등과 볶음 요리로 먹거나 김치를 담가 먹는다.

Lettuce

상추

한국인의 소울푸드 삼겹살과 찰떡궁합인 쌈 채소의 제왕

주요 영양성분
베타카로틴, 락투카리움, 비타민 B, E, 엽산, 칼륨, 칼슘, 식이섬유

열량
20kcal | 100g (치마상추, 청상추 생것)
15kcal | 100g (축면상추, 적상추 생것)
29kcal | 100g (로메인 생것)

맛있는 시기
연중

보관
흙을 제거해 줄기 부분이 아래로 향하도록 냉장 보관.

전 세계에서 가장 많이 소비되는 채소작물 중 하나이다. 대부분의 나라에서는 샐러드로 먹지만, 우리나라는 주로 쌈으로 먹는다. 제철이 없을 정도로 시설재배를 통해 연중 공급되는 상추는 잎 색과 줄기 형태에 따라 결구상추(양상추), 버터헤드상추, 코스(로메인)상추, 잎상추, 줄기상추, 라틴상추로 구분된다. 잎상추는 대부분 국내육성 품종이지만 그 외는 대부분 해외품종이다. 품종이 다양한 만큼 각각의 특성이 있지만, 일반적으로 색이 선명하고 윤기가 나며 잎은 연하면서 도톰하고 손바닥 정도의 크기인 것을 고른다.

상추는 베타카로틴, 비타민 B와 E, 엽산, 칼륨, 칼슘, 철 등의 무기질이 골고루 함유되어 있다. 특히 철분과 필수 아미노산이 풍부해 혈액을 증가시키고 맑게 해주며, 저혈압을 예방한다. 상추 잎줄기의 우윳빛 액즙 성분인 락투카리움(상추의 학명 'Lactuca'가 여기서 유래했다)은 진정작용을 하여 스트레스와 불면증을 완화하고, 일시적으로 졸음이 오기는 하지만 시간이 지나면 오히려 머리가 맑아지고 두통을 해소하는 효과가 있다. 식이섬유도 풍부해 장의 활동을 활발히 한다.

연하고 무르지 않은 것을 고른다. 축, 처지거나 가장자리가 변색된 것은 신선도가 떨어지니 피한다

줄기 부분을 잘랐을 때 우윳빛 액즙이 나오는 것이 좋다

상추는 잔털과 주름이 많으니 꼼꼼하게 씻는다

🌿 품종

잎상추		우리나라에서 주로 재배되고 있는 종류로 잎 모양이 다양하며 청색과 적색이 많다.
코스(로메인) 상추		로메인으로 잘 알려진 상추. 잎이 길고 숟가락 모양을 하고 있다. 식감이 다른 상추에 비해 단단한 편이다.
줄기상추		줄기를 먹는 상추로, 아스파라거스 상추라고도 한다. 줄기 직경은 5~7cm 정도로, 아삭한 식감이 좋아 각종 요리에 이용된다.
버터헤드		유럽에서 육성된 품종이 많고 완전히 속이 차지 않은 반결구 형태로 엽면에 주름이 적고 연한 잎을 가지고 있다.
결구상추		미국에서 개량된 품종이 많다. 크고 단단하며 속이 차 있다. 아삭한 식감으로 주로 샐러드로 이용한다. 양상추가 결구 상추에 속한다.

🌿 손질 및 보관

물에 5분 정도 담갔다가 흐르는 물에 울퉁불퉁한 뒷면까지 꼼꼼하게 씻어 이물질을 제거한다. 식초를 넣은 물에 다시 헹구면 더욱 좋다. 씻기 전 상추는 흙이나 이물질을 제거한 후 냉장 보관하고, 씻어낸 상추는 물기를 제거해 밀폐 용기나 비닐 팩에 담아 냉장 보관한다. 밀봉 시에는 줄기 부분이 아래로 향하게 넣어 보관하면 더 오래 보관할 수 있다.

🌿 삼겹살에 가장 잘 어울리는 쌈 채소

돼지고기와 함께 섭취 시 콜레스테롤의 축적을 억제한다. 중국에서는 볶음으로, 일본에서는 살짝 데쳐서 양념하여 먹기도 한다. 상추는 신선하고 상쾌한 맛을 가질 뿐 아니라 씹는 느낌이 좋아 대부분 생채로 이용한다. 우리나라에서는 특히 상추쌈으로 많이 먹으며, 무침이나 샐러드, 샌드위치 등에 사용하기도 한다. 광주 지역에서는 오징어 튀김을 비롯해 각종 튀김을 상추에 싸 먹는 '상추 튀김'이 아주 유명하다.

Celery
셀러리

독특한 향과 아삭한 식감이 매력적인 다이어트 채소

주요 영양성분
비타민 B1, B2, C, 칼륨, 철분, 칼슘, 엽산, 테르펜류, 페놀

열량
17kcal | 100g

맛있는 시기
5월, 8~10월, 12~3월

보관
알루미늄포일로 감싸서 보관하면 아삭함을 오래 유지할 수 있다.

서양의 요리에서는 빠지지 않는 채소로 특유의 향이 요리에 맛을 더한다. 칼로리가 낮아 다이어트 채소로도 유명하다. 19세기 중반 중국으로부터 전해졌고 서늘한 기온에서 잘 자라는 탓에 1970년대 이후 고랭지를 중심으로 재배되다가 2000년대 들어서 전국으로 확대되었다.

셀러리는 원래 잎자루를 먹는 것이 일반적이었으나 뿌리와 씨도 식용이 가능하다. 유럽에서는 뿌리를 익혀 수프나 파스타 소스의 재료로 활용하고 잎과 줄기는 생으로 먹는다. 비타민 B1, B2, C가 풍부하고 칼륨, 철분, 칼슘, 엽산과 섬유질을 다량 함유하고 있다. 무기질이 많이 들어있는 양질의 알칼리성 식품으로 육류나 어류 등 산성식품과 함께 먹으면 좋다. 셀러리는 특유의 향이 특징인데 '아핀'(apin)이라는 배당체(Glucoside)를 주축으로 약 50여 가지의 구성성분이 들어있다. 그중 공기를 정화하며 피톤치드 역할을 하는 테르펜류 페놀 등이 함유되어 있어 마음을 안정시키고 혈압을 낮춰주며 소화를 돕고 신장의 활동을 촉진한다.

🌿 품종

잎셀러리

동아시아에서 주로 재배하는 품종으로, 차이니즈 셀러리라고도 한다. 잎자루가 좁고 키가 크며 줄기와 잎을 먹는다.

셀러리악

뿌리를 먹도록 개량된 것으로 전분을 함유하고 있고 맛은 셀러리와 같다.

🌿 손질 및 보관

줄기와 잎을 분리한 후 필러로 줄기의 질긴 심줄을 벗겨낸다. 생으로 이용할 경우 잎줄기 끝을 잘라내면 씁쓸한 맛과 향을 줄일 수 있다. 손질하기 전의 셀러리는 그대로 신문지에 싸서 냉장고 신선실에 보관하고, 껍질을 벗긴 셀러리는 적당한 길이로 잘라 밀폐용기에 담아 냉장 보관한다.

셀러리는 비닐봉지 대신 알루미늄포일로 감싸서 보관하면 에틸렌 가스는 외부로 내보내고 외부의 박테리아균 등으로부터 보호해 아삭함을 오래 유지할 수 있다.

✱ 치약 대용으로 사용하기도

셀러리는 먹었을 때 치아를 깨끗이 한다고 알려져 오래전부터 치약과 칫솔대용으로도 쓰였다. 또 잎은 말려서 입욕제로 활용하면 보습 효과가 있다.

🌿 더 맛있게 먹는 방법

셀러리는 주로 줄기와 잎을 먹지만 뿌리와 씨도 식용 가능하다. 유럽에서는 뿌리를 익혀 수프나 파스타 소스의 재료로 활용하고 잎과 줄기는 생식한다. 생으로 이용할 때는 잎줄기 끝을 잘라 내거나 열 조리를 하면 씁쓸한 맛과 향을 줄일 수 있다. 셀러리 줄기는 뿌리 쪽은 흰색에 가깝고 위(잎 부분)로 갈수록 초록색을 띠는데, 초록색이 진할수록 씁쓸한 맛도 진한 편이다. 또 장을 깨끗하게 하는 등 해독작용이 탁월해 다이어트 주스로도 인기다.

바깥쪽 녹색 부분 향이 강하고 섬유질이 많아 질기다. 갈거나 익혀 먹는 것이 좋다.

안쪽 노란 부분 조직이 연해 생식용으로 샐러드 등에 적합하다.

고기 등을 삶을 때 넣으면 누린내를 제거할 수 있다.

시금치

Spinach

영양 가득한 녹황색 채소의 대표주자

주요 영양성분
카로틴, 비타민 C, E, 엽산, 철분, 칼륨, 사포닌

열량
33kcal | 100g

맛있는 시기
6~9월, 11~2월

보관
흙이 묻은 채로 밀봉하여 냉장고에 세워서 보관한다. 데친 시금치는 물기를 제거하고 지퍼백 등에 소분하여 냉동 보관한다.

시금치는 3대 영양소(탄수화물, 지방, 단백질)뿐 아니라 수분, 비타민, 무기질 등을 다량 함유한 영양채소이다. 원산지인 서아시아 지역에서는 오래 전부터 재배되었다고 하며 회교도에 의해 7~13세기에 동서양으로 전파되었다. 우리나라는 중국으로부터 유입되어 15세기부터 재배한 것으로 보인다.

시금치는 항산화 활성이 우수한 비타민 A의 전구체 카로틴과 비타민 C, E가 풍부하고, 철분과 엽산을 많이 함유하고 있어 빈혈과 치매 예방에 효과적이며 가임기 여성과 임산부에게 매우 좋은 채소다. 칼륨은 고혈압을 예방하고 몸속의 노폐물 배출을 도와주며, 사포닌과 양질의 섬유소는 배변기능을 도와주고 변비를 예방한다.

잎 색이 진하고 윤기가 나며 잎자루가 두툼한 것을 고른다.
무침용은 길이가 짧은 것, 국거리용은 잎이 넓고 줄기가 연한 것이 좋다.

선명한 붉은색을 띠는 것이 좋다.

뿌리의 붉은색은 뼈 형성을 도와주는 망간 때문이다. 단맛도 있으니 버리지 말고 활용한다.

품종

동양종

원산지에서 건너와 한·중·일 3국에서 토착화 된 품종. 뿌리 부분이 선홍색이며 잎의 가장자리가 파여진 결각 모양이 많다. 주로 가을 파종한다.

서양종

주로 유럽에서 개량된 품종. 잎이 두껍고 오글거리는 것이 많다. 결각은 거의 없다. 봄~여름에 파종한다.

손질 및 보관

뿌리는 잘라내지 말고 칼로 겉껍질을 살짝 긁어내어 그대로 사용하는 것이 좋다. 씻을 때 조직이 연해 물러지기 쉬우므로 주의한다. 시금치는 끓는 물에 소금을 넣고 뚜껑을 연 채 데친 후 흐르는 찬물에 씻어 떫은맛과 거품을 제거한다. 보관 시에는 흙이 묻은 상태에서 키친타월로 싼 후 밀봉하여 냉장고에 세워둔다. 온도가 높아지고 보관 기간이 오래될수록 비타민 C이 파괴되기 때문에 되도록 구입 후 빠른 시일 내에 사용하는 것이 좋다. 데친 시금치는 물기를 제거한 후 지퍼백에 소분하여 냉동 보관한다.

과일과는 따로 보관

에틸렌 가스가 배출되는 사과, 멜론, 키위 등 과일과 함께 보관하면 시금치를 빨리 시들게 하므로 따로 보관한다.

시금치는 데쳐서

시금치에는 수용성 수산(oxalate) 성분이 들어있어 칼슘과 결합하여 물용성 수산이 되며 결석을 유발한다. 또 칼슘이나 철의 체내 흡수를 방해한다. 다만 이 수용성 수산 성분은 끓는 물에 대부분 용해되므로 생으로 먹는 것보다는 데쳐 먹는 것이 좋다.

🌱 다양한 요리에 활용

시금치를 데칠 때는 끓는 물에 소금을 약간 넣고 뚜껑을 열어놓으면 영양소와 선명한 색상을 지킬 수 있다. 시금치 뿌리에는 몸속의 해로운 요산을 분해해 몸 밖으로 배출하는 구리와 망간이 다량 함유되어 있으므로 뿌리까지 함께 섭취하는 것이 좋다.

유럽 북부와 미국에서 많이 기르는 서양종 시금치는 통조림을 만들거나 얼려서 판매하기도 하며, 우리나라에서는 주로 시금치 된장국과 같이 국으로 끓여먹거나 나물 형태로 섭취한다. 죽, 수프, 파스타, 김치 등으로 먹거나 샌드위치, 피자, 샐러드에도 활용한다.

01 시금치 된장국
02 시금치 커리
03 시금치 피자

Recipe

시금치페스토풍 후무스

🌿 **Ingredients**

시금치 한 단
불린 병아리콩 2컵(불리기 전 3/4C)
잣 1/3컵
올리브유 4T
다진 마늘 2t
소금 1t
레몬즙 4T

🌿 **How to**

1. 병아리 콩은 살짝 헹구어 바로 찬물에 담가 4시간 이상 불려놓는다.
2. 시금치는 데쳐서 갈기 쉽게 짧게 자른다.
3. 불린 병아리 콩을 끓는 물에 넣고 푹 삶아준다
4. 블렌더에 병아리 콩과 잣, 올리브유, 소금, 다진 마늘, 레몬즙과 시금치를 넣고 갈아준다. 퍽퍽하게 갈릴 시에는 병아리 콩을 넣고 삶은 물을 조금씩 넣어가며 갈아준다.
  (기호에 따라 소금과 후추를 추가한다)

Garland chrysanthemum; Crown daisy

쑥갓

각종 비타민과 무기질이 풍부한 천연 항히스타민제

잎줄기

주요 영양성분
베타카로틴, 비타민 A, B1, B2, C,
마그네슘, 칼슘

열량
15kcal | 100g

맛있는 시기
2~3월, 5~7월, 11월

보관
살짝 적신 키친타월이나 면포로 감싸
냉장 보관.

천연 항히스타민제로 불리는 쑥갓은 각종 비타민과 무기질을 풍부하게 함유하고 있어 면역력 강화와 알레르기 완화에 매우 효과적인 식재료이다. 우리나라를 비롯해 아시아에서는 잎과 꽃을 식용으로 활용하지만 유럽에서는 주로 관상용 꽃으로 재배하여 동서양의 식문화 차이를 느낄 수 있다. 봄부터 겨울까지 다양한 형태로 연중 재배하고 있으며, 품종은 크게 발달하지 않았다. 잎의 크기에 따라 대엽종, 중엽종, 소엽종으로 분류하는데, 우리나라에서는 중엽종이 선호도가 높다.

쑥갓은 칼슘, 마그네슘 등의 무기질과 비타민 A, B1, B2, C가 풍부하다. 특히 베타카로틴 함량이 매우 높아 눈 건강에 도움을 주고, 혈전이 생기지 않도록 뭉친 혈액을 풀어주기 때문에 혈액순환과 동맥경화 예방, 어깨 결림 완화에도 좋다.

잎은 싱싱하고 색이 진하며 광택이 있는 것을 고른다. 잎이 짓무르거나 찢겨 있는 것은 피한다.

너무 굵지 않고 짧고 가는 것이 좋다. 줄기 아래쪽도 잎이 촘촘히 붙어 있는 것을 고른다. 탄력이 없어 쉽게 부러지지 않는 것은 신선도가 떨어진다.

잘린 단면이 싱싱한 것을 고른다.

✤ 쑥갓 특유의 향

쑥갓의 독특한 향은 정유성분의 일종인 알파피넨, 벤즈알데히드, 리모넨 등 여러 종으로 이루어져 있다. 자율신경을 원활히 하여 불안과 우울증세를 완화한다. 또 위를 따뜻하게 해 식욕을 증진시키고 장운동도 활발하게 한다. 그중 리모넨은 항산화 작용을 돕는 비타민 C와 상승작용을 일으켜 항암효과를 증가시킨다.

✤ 쑥갓의 꽃

쑥갓은 봄에 황색 또는 백색의 꽃을 피워 '춘국'이라는 별명이 있다.
보통 노지재배 기준으로 초여름에 꽃이 핀다.

✿ 손질 및 보관

씻기 전에 시들거나 무른 것은 골라낸다. 물에 너무 오래 씻으면 비타민 C 손실이 생길 수 있으니 흐르는 물에 재빠르게 씻어낸다.
키친타월이나 면포를 살짝 적셔 쑥갓을 전체적으로 감싼 후 지퍼백에 담아 냉장고 신선실에 보관한다. 장기간 보관 시에는 소금물에 데쳐서 물기를 뺀 다음 밀봉해서 냉동실에 보관한다.

✿ 잡내와 비린내를 잡아준다!

향긋한 향을 지닌 향미 채소 중 하나로, 다른 쌈 채소에 곁들여 생으로 먹기도 하고 살짝 데쳐서 먹기도 하지만, 식물성 기름에 볶아 먹으면 베타카로틴의 흡수를 좋게 한다. 쑥갓의 독특한 향은 해산물의 비린내를 잡아주고 비타민과 무기질을 더해주므로 함께 조리하면 좋다.

Asparagus

아스파라거스

피로회복과 숙취해소에 탁월

주요 영양성분
아스파라긴산, 베타카로틴, 루틴, 비타민 B1, B2, C, E, 칼슘, 칼륨

열량
17kcal | 100g

맛있는 시기
12~6월

보관
살짝 적신 키친타월이나 면포로 감싸 냉장 보관.

유럽에서는 약 2천 년 전부터 즐겨 먹던 채소로, 세계적으로 300여종이 알려져 있으며 어린 줄기를 이용하는 것은 14종정도이다. 우리나라에서는 1970년대에 재배가 확장되었다가 병해와 수출부진으로 그 면적이 감소하였는데, 최근 식생활의 변화로 소비량이 늘어나 재배면적도 다시 증가하는 추세이다. 아스파라거스는 암그루와 숫그루가 따로 있고 다년생 식물로 한 번 심으면 10년 이상 재배할 수 있다. 지상줄기와 잎, 지하줄기, 지하뿌리로 이루어져 있는데, 채소로 이용하는 부위는 어린 지상줄기이다.

아스파라거스는 비타민 B1, B2, C, E, 베타카로틴, 칼슘, 칼륨 등 비타민과 무기질이 풍부하다. 특히 아스파라긴산이라는 아미노산을 다량 함유하고 있는데, 아스파라거스 특유의 쌉쓰름한 맛의 주성분으로 신진대사를 촉진해 단백질의 합성작용을 돕고 에너지를 효율적으로 생성하며 피로회복과 숙취 해소에 도움을 준다. 또 이뇨작용을 활발히 해서 요산 축적으로 인한 통풍, 신경통, 류머티즘에도 좋다.

아스파라거스 봉오리에는 유기 화합물인 루틴을 다량 함유하고 있는데, 이는 혈관을 강화하고 혈압을 낮춰 고혈압을 예방한다. 수용성이므로 아스파라거스를 데친 물도 조리에 활용하는 것이 좋다.

색이 진하고, 줄기가 곧고 적당한 굵기에 밑동까지 탄력이 있는 것이 좋다.
수염뿌리가 나와 있지 않아야 신선한 것이다.

봉우리가 단단하고 끝이 모여 있는 것이 좋다

자른 단면이 말라 있지 않은 것을 고른다.

🌿 흰색 아스파라거스와 보라색 아스파라거스

아스파라거스는 우리가 흔히 알고 있는 형태인 그린 아스파라거스 외에도 화이트 아스파라거스와 보라색 아스파라거스가 있다.

화이트 아스파라거스
그린 아스파라거스와 같은 종류로 그린 아스파라거스를 재배할 때 흙을 덮어 햇볕을 쬐지 않고 생산한 것이다. 대부분 통조림으로 가공된다.

보라색 아스파라거스
안토시아닌 성분을 함유하고 있어 데치면 녹색으로 변한다. 볶음이나 구이요리에 적합하다.

🌿 손질 및 보관

아스파라거스는 아래 줄기의 질긴 껍질을 감자칼이나 과도를 이용해 벗겨내고 조리하는 것이 좋다. 시간이 지나면 굳어지고 쓴맛이 증가하니 가능한 빠르게 조리한다. 삶을 때는 긴 것 그대로 뿌리 부분을 먼저 데치고 나서 전체를 끓는 물에 담궈야 고르게 익는다.

보관 시에는 물에 적신 종이타월에 감싸 밀폐용기에 넣어 냉장 보관한다. 아스파라거스는 동그랗게 말리는 성질이 있기 때문에 밑동 끝을 조금 자른 후 물이 담긴 그릇에 담아 세워서 보관하는 것도 좋다.

Recipe

아스파라거스베이컨말이

🌿 Ingredients

아스파라거스
베이컨 (원하는 만큼)
굵은 소금 1/2T

🌿 How to

1. 아스파라거스는 밑동을 잘라내고 아래줄기의 질긴 부분은 필러로 껍질을 벗긴다.
2. 물에 굵은 소금을 넣고 끓기 시작하면 아스파라거스를 넣고 1분간 데쳐준다.
3. 데친 아스파라거스는 빨리 건진 후 찬물에 헹구고 물기를 닦아낸다.
4. 3에 베이컨을 사선으로 돌돌 말아준다.
5. 프라이팬에 기름 없이 중불에 예열하고 이음매 부분을 바닥을 향하게 하여 구워 풀어지는 것을 막은 후 3분간 돌려가며 노릇하게 굽는다.

• 아스파라거스는 시간이 지나면 쓴맛이 증가하므로 가능한 빨리 조리한다.

Cluster mallow

아욱

중국에서는 '채소의 왕'으로 불리는 식재료

주요 영양성분
비타민 A, B1, B2, C, 베타카로틴, 단백질, 칼슘, 리그닌

열량
37kcal | 100g (생것)
31kcal | 100g (데친 것)

맛있는 시기
5~6월, 11~12월

보관
손질한 상태에서 신문지 등으로 감싸 냉장 보관.

아욱은 맛과 영양이 뛰어난 채소로 원산지인 중국에서는 채소의 왕으로 불리며, 우리나라에서도 '가을 아욱국은 사립문 닫고 먹는다'는 속담이 있을 정도다. 수분과 단백질이 많고 비타민 A, B1, B2, C 등이 다양하게 함유되어 있다. 특히 단백질과 칼슘의 함유량이 높아 성장기 아이들의 뼈 건강과 신장 기능 향상에 효과적이다. 항산화 물질인 베타카로틴 성분이 풍부하여 눈의 피로를 풀어주고 시력을 개선하는 데 도움을 준다. 잎에 함유된 끈끈한 점액질 성분(리그닌)은 장운동을 활성화시켜 변비 예방에 효과가 있으며, 칼로리가 낮고 식이섬유가 풍부해 다이어트에 좋다. 한방에서 아욱은 성질이 찬 채소라 몸이 뜨겁거나 갈증을 느낄 때 열을 내리는 효과가 있다. 씨앗인 '동규자'는 이뇨작용에 도움을 준다.

잎이 넓고 부드러우며 짙은 연녹색을 띠고 있는 것이 좋다. 찢어지거나 무른 부분이 있는 것은 피한다.

줄기는 통통하고 마르지 않은 것을 고른다.

풋내를 없애기 위해서는 아욱의 줄기에 있는 미끈한 즙을 깨끗하게 씻어내는 것이 중요하다.

❦ 손질 및 보관

억센 줄기는 잘라내고 남은 줄기는 얇은 껍질을 벗겨서 사용한다. 잎은 물에 담가 치댄 후 헹구어 풋내를 제거하고 잎에서 줄기로 이어지는 부위에 흙이 묻어있는 경우가 많으므로 신경 써서 씻는다.

아욱을 바로 먹지 않을 때는 줄기의 껍질을 제거하여 손질한 상태에서 신문지나 키친타월에 싼 후 냉장고에 보관한다. 장기 보관할 경우에는 적당한 크기로 잘라 살짝 데친 후 물기를 제거하고 한 번 먹을 양만큼만 소분하여 비닐 팩에 담아 냉동 보관한다.

❦ 아욱 된장국을 끓일 때는 쌀뜨물을 활용

아욱은 부드럽고 소화에 도움을 주어 주로 된장국, 죽, 나물 등의 재료로 사용한다. 아욱 된장국을 끓일 때는 쌀뜨물에 끓이면 된장의 구수한 맛과 아욱의 부드러운 식감이 이루어져 더욱 감칠맛을 낸다.

Recipe

아욱보리새우전

🌱 **Ingredients**

아욱 70g	당근
보리새우 30g	부침가루 1C
청, 홍고추	물 1C
양파	식용유

🍃 **How to**

1. 아욱을 깨끗이 씻어 물기를 턴 후 한입 크기로 썬다.
2. 양파, 당근은 얇게 채썰고, 청홍고추 송송썬다.
3. 부침가루와 물을 섞은 후 아욱, 보리새우, 2를 넣고 섞어준다.
4. 팬에 기름을 두르고 바삭하게 부친다.

- 아이들이 먹을때는 청홍고추는 빼고 애호박, 감자 같은 채소를 넣어주고, 보리새우는 다지거나 믹서에 갈아 넣어준다.

Cabbage

양배추

위장을 생각한다면 꼭 먹어야 하는 채소

주요 영양성분
겉잎: 비타민 A, 칼슘, 철
속잎: 비타민 B군, C
심지: 비타민 U

열량
33kcal | 100g (양배추 생것)
41kcal | 100g (적양배추 생것)
49kcal | 100g (방울다다기양배추 생것)

맛있는 시기
7~11월

보관
겉잎 2~3장을 떼어 몸통을 싸서 보관.

기원전 400년경 그리스에서 약용으로 사용하던 것이 기록으로 남아있다. 유럽에서 실제 재배된 것은 9세기경부터이고 개량된 결구 양배추가 나타난 것은 13세기경부터이다. 우리나라에 도입되어 본격적으로 재배되기 시작한 것은 19세기 후반이다.

양배추는 부위별로 영양소 함유량이 다른데, 겉잎에는 비타민 A와 철분, 칼슘이 풍부하고 하얀 속잎에는 비타민 B군과 C 함량이 높다. 양배추의 영양성분은 양배추의 속으로 들어갈수록 높아지며 심지 부위에 특히 위장에 좋은 비타민 U 성분이 가장 많다. 비타민 U 성분은 위궤양 치료의 효과가 있고 위장관 내 세포의 재생을 도와주는 역할을 한다.

모양이 균일하고, 묵직하고 단단하면서도 잎은 부드러운 것이 좋다.
겉잎은 연한 녹색을 띠고 시든 잎이 있거나 상처가 나고 벌레 먹은 것은 없는지 살핀다.

심을 잘라낸 면이 500원짜리 동전보다 약간 작은 크기로 하얗고 싱싱하여 변색되지 않은 것을 고른다.

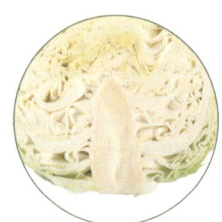

잘려있는 것을 고를 때는 잎이 촘촘히 겹쳐있고 심 길이가 2/3가 넘지 않는 것을 고른다. 심이 너무 길면 추대(꽃핌 현상)되면서 쓴맛이 나기 때문에 주의한다. 노란색으로 변한 부위가 많은 것, 양손으로 눌렀을 때 쉽게 들어가는 것은 피한다.

품종

일반적으로는 크게 색깔에 따라 백색양배추와 적색양배추로 구분한다. 형태에 따라서는 둥근형, 편원형, 평형, 죽순형, 사보이양배추 등이 있다. 수확시기에 따라 조생종, 중생종, 만생종 등으로 분류하기도 한다.

적색양배추(적채)

빨간 양배추. 루비볼이라고 한다. 붉은빛은 안토시아닌에 의한 것으로 독특한 빛깔 때문에 샐러드 등에 장식용으로 사용된다.

사보이양배추

결구형 양배추의 일종으로 일반 양배추보다 봉오리가 더 넓게 퍼져 있고, 잎에 격자무늬의 결이 있는 것이 특징이다. 프랑스 사보이 지역에서 기원했다.

방울다다기양배추

방울양배추라고도 한다. 작은 크기의 새끼양배추. 대신 영양은 일반 백색양배추보다 2배가량 높다. 저장성이 좋아 겨울철에 환영받는 채소다.

콜라비가 양배추?

콜라비는 양배추에서 진화한 채소로, 독일어 양배추(kohl)와 순무(rabi)를 합성한 단어이다. 구의 색깔에 따라 녹색과 적색 품종이 있으며 육질은 모두 흰색이다. 주로 줄기가 확장된 동그란 부분이며 유럽에서는 전체를 샐러드로 먹기도 한다. 콜라비 외에도 브로콜리, 케일 역시 식물분류학적으로는 양배추 종류이다.

손질 및 보관

먼저 겉잎을 제거한 후 베이킹소다를 넣은 물에 1차로 세척하고, 식초를 탄 물에 1~2분 정도 담갔다가 흐르는 물에 2차로 세척한다.

양배추를 실온에 보관할 경우 쉽게 건조하고 색이 변하므로 바깥쪽 잎 2~3장을 떼어 양배추의 몸통을 싸서 보관하면 건조와 갈변 현상을 막을 수 있다. 잎보다 가운데 심 부분의 수분이 날아가는 경우가 많기 때문에 심을 도려낸 후 물에 적신 키친타월로 심 부분을 채운 후 랩으로 싸면 싱싱하게 보관할 수 있다. 장시간 보관할 경우 사용 용도에 맞게 손질한 후 비닐 팩에 소분해서 냉동 보관한다.

❧ 양배추는 생으로 먹는 것이 좋다

양배추에 함유된 대부분의 영양소는 열에 취약하기 때문에 생으로 먹는 것이 좋고, 가열 조리를 해야 할 때는 살짝 볶거나 쪄서 사용하는 것이 좋다. 버려지는 겉잎과 심에도 영양소가 많으므로 먹기 좋게 얇게 채 썰어 샐러드에 활용하면 좋다.

✱ 채썰기를 잘하려면

잎을 떼어내고 심지를 잘라낸다. 방향을 맞춰 잎을 겹쳐 둥글게 한 다음, 심지와 수직으로 자른다.

사우어크라우트

독일어로 '시큼한 양배추'라는 뜻이며, 고기 섭취량이 많은 독일을 비롯해 유럽 각지에서 먹는 양배추 보존식이다. 채 썬 양배추를 소금물과 캐러웨이 시드에 절여 만든다. 신맛은 유산균 발효에 의한 것.

Recipe

양배추 깻잎 말이

🌿 Ingredients

양배추 1/2개
깻잎 10장
두부 1/2모
당근 50g
마른표고버섯 3개
청홍고추 1개
오이 1/2개
미나리대 10개

🌿 How to

1. 양배추, 미나리대는 부드럽게 쪄낸다.
2. 두부는 끓는 물에 데쳐 물기 제거 후 팬에 참기름을 두르고 살짝 볶는다. (이때 소금간)
3. 표고버섯은 잘게 다져 집간장, 참기름으로 밑간한다.
4. 청홍고추는 다지고, 당근은 다져서 볶아 놓는다.
5. 오이는 다져서 소금 넣고 간한 후 물기를 짜낸다.
6. 2~5를 섞어 소를 준비한 후, 양배추를 펴고 깻잎을 깐 후 속재료를 뭉쳐 넣어 잘 말아 미나리로 묶는다.

• 속재료에 간이 되어있어 그냥 먹어도 좋지만 기호에 맞게 소스를 곁들여 먹어도 좋다.

Rapeseed

유채

추운 겨울을 견뎌 봄을 알리는 채소

주요 영양성분
베타카로틴, 엽산, 비타민 B1, B2, 식이섬유, 칼슘, 이소티오시아네이트

열량
31kcal | 100g (유채 잎)

맛있는 시기
10~4월

보관
적신 종이에 감싸서 비닐 팩에 담아 냉장고 채소 칸이나 김치냉장고에 보관.

기름을 얻기 위한 채소로 '유채'라는 이름은 여기서 유래했다. 1950년대 후반부터 제주도에서 기름을 얻기 위해 재배하였으나, 현재는 그 규모가 미미한 수준이다. 채소로 먹는 것은 꽃이 피기 전 어린잎으로, 우리나라는 주로 잎을 먹는 반면, 중국과 일본은 꽃대를 이용한다.

유채는 베타카로틴, 엽산, 비타민 B1, B2 등 비타민 함량이 높은 편이고 칼슘, 인, 칼륨, 철 등의 무기질도 풍부하다. 식이섬유도 많아 위장의 활성을 도와 변비를 개선하고 피부미용에도 좋다. 특히 꽃이 피기 전 꽃대에 칼슘 및 비타민 등의 영양소가 다량 함유되어 있다. 항산화성이 높은 글루코시놀레이트와 이소티오시아네이트 등 함황화합물의 함량이 많아 대장암 등 소화기계의 암 예방을 도와준다.

✿ 기름을 얻기 위해 재배

유럽에서는 16세기경부터 기름을 얻기 위한 용도로 재배하였다. 보통 가을에 파종해 이듬에 봄에 꽃을 감상하고 열매가 익으면 기름을 짠다.

✿ 손질 및 보관

쉽게 시들기 때문에 장기 보관이 어렵다. 적신 종이로 감싸 비닐 팩이나 밀폐용기에 담아 냉장고 채소 칸이나 김치냉장고에 보관하면 일주일가량 선도를 유지할 수 있다. 장기간 보관하려면 간단하게 데쳐서 냉동실에 넣어둔다. 유채는 연약하고 부드럽기 때문에 끓는 물에 담그지 않고 살짝 끓는 물을 부어주는 정도로 데친 후 물기를 충분히 제거하고 보관한다.

잎이 억세지 않고 두툼하며 신선한 것을 고른다

줄기가 통통하고 굵기가 적당한 것이 좋다.

✿ 생채로 먹거나 데친 후 무쳐서

유채는 향이 강하지 않고 맛이 달아서 생채로 먹거나 데친 후 무쳐 먹으면 좋다. 쌈으로 먹기도 하고 여러 가지 양념에 어울려 다양한 요리로 즐길 수 있다. 비타민과 무기질이 많아 겨울동안 약해진 면역력을 강화하고, 봄철 춘곤증을 이기는 데 도움을 준다.

Perilla

잎들깨

한국인이 사랑하는 향긋한 맛

주요 영양성분
비타민 A, B1, B2, C, 철분, 루테올린

열량
47kcal | 100g

맛있는 시기
3~11월

보관
종이타월로 감싸 랩으로 씌워 냉장 보관한다.

일명 '깻잎'으로 상추와 함께 대표적인 쌈 채소이다. 원래는 기름작물로 재배되었으나 1980년대 후반부터 시설재배를 통해 연중 공급이 가능한 쌈 채소로 변모하였다. 잎 색에 따라 녹색종과 자색종이 있으며, 우리나라에서는 주로 녹색종이 재배된다. 잎의 뒷면이 옅은 자색을 띠는 품종도 있다.

깻잎은 단백질, 당질, 칼륨, 칼슘, 철분 등의 무기질과 비타민 A, B1, B2, C를 다량으로 함유하고 있다. 철분 함량이 매우 높은 채소로 빈혈을 예방하고 칼슘 함량도 높은 편이라 성장기 아동의 발육을 촉진하는 데 도움을 준다. 깻잎은 식물성 색소 플라보노이드의 종류인 루테올린 성분을 함유하여 체내 염증 완화, 항알레르기 효과가 있다. 기침이나 콧물, 재채기 증상 완화에도 도움이 된다.

짙은 녹색에 향이 강하고 가장자리가 뚜렷한 것을 고른다. 잎이 너무 얇으면 저장성이 떨어지니 잎이 휘거나 비틀어진 것보다 하트 모양이 올바른 것을 고른다.

묶음으로 파는 것은 속에 있는 깻잎도 확인하는 것이 좋다

잎의 솜털이 선명하고 표면이 거친 것이 좋다

🌱 손질 및 보관

깻잎의 잔털은 이물질이 부착되기 쉬우므로 흐르는 물에 한 장씩 꼼꼼하게 씻는다. 물 1L 기준에 녹차 30g을 넣어 상온에서 30분간 우린 후 깻잎을 5분간 담그고 흐르는 물에 씻어내면 잔류농약 성분을 깨끗이 제거할 수 있다.

깻잎은 쉽게 건조해지기 때문에 종이타월로 한번 감싸 랩으로 씌운 후 수분을 유지하게 하여 냉장 보관한다. 수분이 부족하면 점점 검은색으로 변하며 신선도가 떨어지고 향과 맛이 약해지기 때문에 가급적 빨리 섭취하는 것이 좋다.

✱ 깻잎을 채소로 먹는 유일한 나라

기름작물로서는 중국, 일본, 러시아, 인도, 미국 등에서도 재배하지만 잎채소로 이용하는 것은 우리나라가 거의 유일하며 외국으로 수출을 하기도 한다.

✱ 누린내와 비린내를 없애는 깻잎

깻잎은 좋지 않은 냄새를 제거해줄 뿐만 아니라 속을 다스리는 데 좋으며, 소화를 돕고 속을 따뜻하게 만들어 몸을 보호한다. 실제로 깻잎의 정유 성분이 고기나 생선회를 먹을 때 누린내와 비린내를 없애주며, 특히 차가운 생선회를 먹을 때 소화를 돕고 몸을 따뜻하게 해준다.

✱ 깻잎향이 방부작용을

깻잎 특유의 향을 내는 주성분은 페릴라알데하이드, 페릴라케톤, 리모넨으로, 이들은 방부작용을 한다.

Recipe

깻잎김치

🌿 **Ingredients**

깻잎 40장
양파 1/2개
당근 1/4개

◇ 양념장
간장
멸치액젓
매실액
고추가루

물 2T씩
다진마늘
올리고당
통깨 1T씩

🌿 **How to**

1. 깻잎을 깨끗이 씻은 후 물기를 뺀다.
2. 양념장을 만들고 당근, 양파는 곱게 채썰어 양념장에 섞는다.
3. 깻잎 2~3장씩 떼어 양념장을 발라준다.

Welsh onion, Spring onion; Green onion, Scallion

파

한식에 없어서는 안 될 대표적인 향신 채소

주요 영양성분
베타카로틴, 비타민 A, C, 칼슘, 인, 철, 폴리페놀, 알릴설파이드, 알리인

열량
29kcal | 100g (봄 재배)
21kcal | 100g (쪽파)

맛있는 시기
10~6월

보관
뿌리 부분을 자르고 흰색과 녹색 부분을 따로 위생팩에 담아 냉장 보관.

우리나라에는 통일신라 시대를 전후로 중국에서 도입된 것으로 여겨진다. 음식의 영양가를 높여주고 맛을 좋게 하는 파는 우리나라의 요리에서는 없어서는 안 될 만큼 중요한 채소이다. 파의 종류에는 대파, 쪽파 외에도 리크, 실파가 있다.
대파는 칼슘, 인, 철 등의 무기질과 비타민 A와 C가 많이 함유되어 있는데, 흰 부분은 담황색 채소, 녹색 잎은 녹황색 채소로 영양성분이 다르다. 대파의 푸른 부분에는 베타카로틴, 칼슘이 풍부하게 함유되어 있고, 흰 줄기인 연백부에는 비타민 C의 함량이 높으며, 뿌리 부분에는 가열해도 영양소가 파괴되지 않고 활성화되는 폴리페놀이 풍부하다. 파의 자극적인 냄새와 매운맛은 알릴설파이드와 알리인 성분에 의해 생기며, 이들은 살균 효과가 뛰어나 감기 예방 등에 효과적이다.

잎 부분이 진한 녹색을 띠며 줄기가 끝까지 곧게 뻗어 있는 것을 고른다.

줄기의 흰 부분이 빵빵해 반점이 없이 깨끗한 것이 신선하다.

흰 부분과 녹색 부분의 영양성분이 다르다!

묶음으로 살 때는 길이와 굵기가 비슷한 것끼리 선별되어 있는지 살펴본다.

흰 뿌리 쪽을 만졌을 때 너무 무르지 않고 탄력이 있는 것이 좋다.

✽ 가능하면 3~6월은 피해서

3~6월 사이에 구매하는 파는 꽃대가 올라오면서 파가 질겨지므로 피하는 것이 좋다.

✽ 콜레스테롤의 체내 흡수를 억제

대파는 생으로 사용할 때는 알싸한 매운맛과 특유의 향이 돋보이고, 익히면 촉촉한 식감과 단맛을 내기 때문에 우리나라 음식의 대표적인 향신 채소로 다양한 요리에 쓰이고 있다. 대파의 뿌리에 다량 함유된 알리신 성분은 비타민B1의 흡수를 돕기 때문에 비타민B1의 함량이 많은 음식과 함께 섭취하면 좋다. 육류나 볶음요리처럼 지방 성분이 많은 음식에 대파를 함께 섭취하면 콜레스테롤이 체내 흡수되는 것을 억제한다.

품종

리크
서양종 파. 대가 굵고 크며, 매운맛이 덜하다. 흰 줄기 부분을 데쳐 그라탕이나 조림으로 먹는다.

대파
한식의 대표적인 향신 채소. 알싸한 매운맛과 단맛이 특징. 흰 줄기는 담황색 채소, 녹색 잎은 녹황색 채소로 영양성분이 다르다.

쪽파
파와 분구형 양파의 교잡종으로 뿌리로 번식한다. 파김치, 파전 등의 주재료이다.

실파
실처럼 가늘어 실파라고 한다. 쓴맛이 비교적 덜하여 양념장, 겉절이 등으로 먹는다.

풋마늘
잎마늘이라고도 불린다. 마늘통이 굵어지기 전 어린 잎줄기를 이용한다.

손질 및 보관

흐르는 물에 깨끗이 씻어 뿌리 부분을 자르고 용도에 맞게 손질한다.
흙이 묻은 상태로 보관할 때는 신문지나 키친타월에 싸서 서늘하고 어두운 곳에 세워 보관한다. 또는 뿌리 부분을 자르고 흰 부분과 녹색 부분을 따로 위생팩에 담아 냉장고 채소실에 보관한다. 조금 더 오래 두고 사용하려면 용도에 맞게 손질 후 냉동 보관한다. 잘게 썬 파를 소분하여 냉동해두면 요리할 때 양념처럼 사용하기 편리하다. 1개월 이내에 사용하는 것이 좋다.

Recipe

대파 된장 조림

🥣 Ingredients

대파 1대 국간장 소금
다시마 1조각 된장 1/2T

🍲 How to

1. 대파를 2~3cm 간격으로 썬다.
2. 냄비에 대파를 넣고 자작하게 물을 붓고, 다시마 한조각, 국간장 소금과 함께 약불로 끓인다.
3. 대파가 투명해지면 다시마를 건지고, 국물을 조금 덜어 된장 1/2T를 잘 풀어준 후 다시 냄비에 넣고 조린다.

- 대파는 익히면 촉촉한 식감과 단맛을 내어 구수한 된장과 함께 어우러져 밥반찬으로 좋다.
- 국물을 조금 더 많게 해서 된장찌개처럼 먹어도 좋다.

Onion
양파

요리에 감칠맛을 더하는 활용도 만점 채소

주요 영양성분
단백질, 탄수화물, 비타민 C, 칼슘, 인, 유화아릴, 쿼르세틴(껍질)

열량
27kcal | 100g (양파, 생것)
30kcal | 100g (자색양파, 생것)

맛있는 시기
6~7월

보관
망에 담긴 상태로 통풍이 잘 되는 서늘한 곳에 보관한다. 껍질을 제거한 양파는 밀폐 용기에 담아 냉장고에 보관.

기후적응성이 뛰어나 토마토, 수박과 함께 세계 최고의 생산성을 자랑한다. 기원전 5천 년경 가나안 유적에서 양파 재배의 흔적이 발견되었고, 고대 이집트에서는 피라미드 건설에 동원된 노동자에게 제공되기도 했다. 우리나라는 19세기 말에 전해져 1945년 이후 본격적으로 재배하기 시작했다. 양파의 학명은 Allium cepa L.로, 속명 Allium의 All은 켈트어의 '태운다', '뜨겁다'에서 유래했으며 눈을 따갑게 한다는 의미이다.

이처럼 매운맛이 특징인 양파는 수분이 많고 단백질, 탄수화물, 비타민 C, 칼슘, 인, 철 등의 영양소가 함유되어 있다. 겉껍질에 많은 쿼르세틴 성분은 항산화 작용으로 혈관 벽의 손상을 막고 나쁜 콜레스테롤(LDL) 농도를 감소시킨다. 특유의 매운맛을 내는 것은 유화아릴 성분 때문이며, 비타민 B1의 흡수를 돕고 신진대사를 원활하게 한다. 매운 향을 내는 유기 유황성분 알리신은 뇌를 자극해 혈액순환을 돕고 정신을 안정시키는 효과가 있어 불면증 개선에 도움을 준다.

🌿 품종

양파는 겉껍질의 색깔에 따라 황색, 백색, 적색(자색) 양파로 구분한다.

황색양파

전 세계 재배면적의 80% 이상을 차지한다. 육질이 단단하고 저장성이 좋아 우리나라 재배종의 대부분을 차지한다.

백색양파

껍질이 얇고 수분함량이 많아 부드러워 샐러드용으로 사용되기도 한다. 미국이나 남아메리카에서 즐겨 먹는다.

적색양파

단맛이 강하고 매운맛은 상대적으로 적다. 자극적인 냄새가 적어 샐러드나 장식용으로 많이 쓰인다.

🌿 손질 및 보관

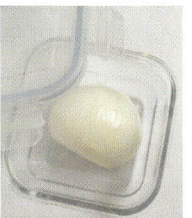

Tip! 양파의 매운맛을 내는 알리신 성분은 물에 잘 녹기 때문에 양파를 생으로 먹을 경우 찬물에 잠깐 담가두면 매운맛을 줄일 수 있다.

양 끝부분을 칼로 잘라내고 겉껍질을 벗겨낸 후 물로 깨끗이 씻어 용도에 맞게 사용한다. 양파는 수분이 많기 때문에 비닐 팩 등에 밀봉해서 보관하면 수분이 빠져나가지 못해 썩기 쉽다. 따라서 망에 담겨 있는 상태로 통풍이 잘 되는 서늘한 곳에 걸어두는 것이 좋다. 단, 껍질을 깐 양파나 손질 후 남은 양파는 밀폐 용기에 담아 냉장고에 보관한다.

✹ 양파 취식 후 냄새 제거하기

양파를 먹고 난 뒤에 김이나 다시마 한 장을 먹으면 양파 냄새를 줄일 수 있다. 그릇에 냄새가 배었을 때는 겨자가루로 닦으면 없어진다.

✹ 양파를 썰 때 눈물이 나는 까닭

양파를 썰 때 눈물이 나는 것은 프로페닐슬펜산이라는 자극성분 때문이다. 껍질을 벗겨 냉장고에 넣었다가 사용하면 자극을 줄일 수 있다.

🌿 더 맛있게 먹는 방법

양파는 일반적으로 매운맛이 주를 이루지만 열을 가하면 설탕의 50배에 이르는 단맛이 난다. 동서양의 음식에 두루 쓰이는 식재료로, 다지거나 썰어서 양념 형태로 조리에 이용하거나 자색양파나 백색양파의 경우에는 샐러드로도 많이 먹는다. 조림, 튀김, 찌개, 생채 등 다양한 요리에 활용된다. 무엇보다 냄새 제거에 탁월해서, 고기의 누린내를 제거하고 육질을 부드럽게 해주며, 기름이 많은 요리 특히 중국요리에 없어서는 안 될 재료이다.

차이니즈 패러독스

프랑스인들은 고기를 즐겨먹지만 그에 비해 심혈관계 질환자는 많지 않은 까닭이 포도주 때문이라고 주장한다. 이를 '프렌치 패러독스'(French Paradox)라고 하는데, 여기에서 파생된 '차이니즈 패러독스'(Chinese Paradox)라는 말도 있다. 기름진 음식을 많이 먹는 중국인들에게 심장병이 적은 이유가 양파라는 것이다. 2007년 영국 식품연구소(IFR)에서는 양파를 먹은 사람의 혈액을 분석하면서 퀘르세틴 성분이 동맥경화를 예방한다는 연구결과를 발표했다.

Parsley
파슬리
플레이팅에도 효과 만점

주요 영양성분
베타카로틴, 비타민 B1, B2, C, 엽산, 칼슘, 철분

열량
36kcal | 100g

맛있는 시기
10~4월

보관
물을 담은 컵에 꽂아 두거나 뿌리 쪽에 습기를 주어 냉장고에 보관.

기원전 그리스에서 재배된 기록이 남아있을 정도로 그 역사가 오래된 향신 채소이다. 식용파슬리는 2~3세기경 개량되어 이탈리아에서 재배되기 시작했고 17세기경에는 유럽 전역에서 식재료로 사용되었다. 우리나라에 도입된 시기는 명확하지 않으며, 1970년대부터 대도시 근교에서 재배되기 시작했다. 주로 식품회사나 호텔, 고급 레스토랑 위주로 유통되는 등 아직까지는 일반적인 소비량이 많지 않다.

파슬리는 칼슘, 철분, 비타민 B1, B2가 많으며, 특히 베타카로틴과 비타민 C가 풍부해 노화 방지, 암, 심장병, 뇌졸중 등 각종 성인병을 예방한다. 철분과 엽산도 풍부해 빈혈 예방에도 효과가 있다. 파슬리 특유의 향을 내는 아피올과 피넨이라는 정유 성분은 살균 효과가 있어 몸 안에서 부패를 일으키는 박테리아 번식을 방지할 뿐만 아니라 식욕을 촉진 시키는 역할을 한다.

잎은 짙은 초록색에 윤기가 나고 곱슬곱슬한 모양이 뚜렷한 것이 좋다.

누런색이 나거나 꽃이 핀 것은 신선도가 떨어진 것이다.

🌿 품종

컬리 파슬리

잎에 주름이 잡히는 것으로 가장 흔히 볼 수 있는 품종이다. 우리나라에서 재배하는 파슬리는 대부분 컬리 파슬리이다.

이탈리안 파슬리

잎에 주름이 없이 넓게 퍼져있는 활엽종이다. 향미가 강하여 볶음요리, 찜요리에 사용한다. 그 외에도 차, 음료용으로도 사용한다.

뿌리 파슬리

뿌리를 먹는 근용종이다. 루트 파슬리라고도 한다. 유럽에서 스튜, 수프, 고기요리에 주로 이용된다. 옥살산 성분 때문에 날것으로 먹기는 어렵고 데치거나 물에 우려낸 후 이용한다.

🌿 손질 및 보관

흐르는 물에 흔들어 씻은 후 물기를 닦아 큰 줄기에서 잎만 따서 곱게 다지고, 면포에 싸서 보슬보슬한 가루를 만들어 사용한다. 줄기는 육수에 넣어 사용한다.

파슬리를 보관할 때는 시들지 않게 컵에 물을 담아 꽂아 두거나 뿌리 쪽에 습기를 주어 냉장고에 보관한다. 다진 파슬리는 밀폐된 그릇에 담아 냉동실에 넣어 보관한다.

🌿 더 맛있게 먹는 방법

주로 음식 위에 뿌려 먹는 허브/향신료로

파슬리는 독특한 향으로 주로 음식 위에 뿌려 먹는 허브나 향신료의 형태로 많이 활용된다. 주로 가니시나 샐러드, 소스에 넣어 생으로 사용되며 부케 가르니(향신료다발)로 만들어 스톡에 넣어주어 육수의 감칠맛을 더해준다. 이때 파슬리의 잎을 넣으면 색이 탁해지고 향이 너무 강해져서 줄기를 사용하도록 한다. 생선, 고기, 마늘 등의 냄새를 없애고 풍미를 더해 각종 요리에 사용된다.

✱ 부케 가르니

수프와 육수, 스톡, 소스와 스튜를 만드는 데 사용되는 전통적인 허브 묶음. 보통 생파슬리와 타임 줄기, 월계수 잎을 3:1:1의 비율로 묶는 것이 전통이다.

Leaf mustard

겨자채

알싸한 매운맛이 식욕을 촉진

주요 영양성분
베타카로틴, 비타민 A, C, K, 칼륨, 엽산, 글루코시놀레이트

열량
20kcal | 100g (겨자)
24kcal | 100g (적겨자)

맛있는 시기
5~6월, 10~11월

보관
밀봉하여 5℃ 이하의 냉장고에 보관한다.
다른 채소와 따로 둔다.

잎겨자로도 불리는 겨자채는 수분 함량이 매우 높고 톡 쏘는 매운맛을 지닌 향신채소다. 다양한 품종이 있지만 우리나라에서는 주로 잎 주변이 곱슬곱슬한 청겨자채(혹은 곱슬겨자채)와 잎이 둥근 형태로 적자색이 나는 적겨자채를 즐겨 먹는다.

겨자채는 비타민 A, C, 베타카로틴과 칼슘, 철, 엽산 등의 무기질 등 다양한 영양성분을 함유하고 있다. 특히 칼륨과 엽산의 함량이 높고 나트륨 함량이 낮아 고혈압을 예방하는 효과가 있다. 비타민 K와 글루코시놀레이트가 풍부해 체내 염증 억제를 도와준다. 겨자채, 겨자가루의 매운맛 성분인 시니그린은 자체적으로 매운맛은 없으나 수분에 의해 가수분해 되면 매운맛을 낸다.

완전히 자란 겨자채
겨자채는 자라면서 잎이 커지고 처진다. 상추처럼 한 장씩 잎을 떼어 이용한다.

잎이 두툼하고 결점과 황변 또는 갈변한 부분이 없는 것을 고른다. 청겨자는 짙은 녹색인 것, 적겨자는 붉은색이 선명하고 잎맥에 활력과 광택이 있는 것이 좋다.

청겨자채

적겨자채

🌿 손질 및 보관

10분 정도 물에 담가둔 후 손으로 저으며 1차로 씻고 흐르는 물에 2차로 세척한다. 용도에 맞게 다듬어 사용하고, 데친 것은 곧바로 찬물에 헹구어 물기를 제거한다. 장시간 데치면 특유의 매운맛이 감소하기 때문에 살짝만 데친다.

보관할 때는 지퍼백에 밀봉하여 공기와의 접촉을 최소화 한 후 5℃ 이하의 냉장고에 둔다. 다른 채소와 혼합하지 않고 따로 보관하는 것이 좋다.

✱ 비린내를 잡아주고 체내의 어독을 풀어준다

톡 쏘는 매운맛과 향기로 주로 쌈 채소, 비빔밥이나 샐러드의 재료로 사용한다. 김치를 담그는 데 넣기도 한다. 강한 맛과 향이 비린내를 잡아주며 체내의 어독을 풀어주는 효능이 있어 회 요리에서 많이 볼 수 있다.

여러 요리의 소스로 활용하는 겨자 소스는 황겨자의 씨를 제분 및 가공한 것이다.

Rucola

루콜라

피자 토핑 채소로 인기

주요 영양성분
비타민 C, 엽산, 칼슘, 마그네슘, 철, 글루코시놀레이트

열량
25kcal | 100g

맛있는 시기
5~6월

보관
젖은 키친타월에 감싸 밀봉하여 냉장 보관.

아루굴라(arugula) 또는 로켓(rocket)이라고도 한다. 지중해연안이 원산지로 고대 로마시대부터 즐겨 먹은 유서 깊은 채소다. 잎과 꽃을 식용으로 활용하며 톡 쏘는 매운 향이 특징이다. 매운맛과 쌉쌀한 맛은 가열하면 없어진다. 피자 위에 올라가는 토핑 채소로 많이 이용하며 다른 채소와 섞어 샐러드나 수프 재료로 사용하기도 한다.

칼슘, 철, 마그네슘, 인 등의 무기질과 비타민 C와 엽산이 풍부해 피로회복에 도움을 주고 면역력을 강화한다. 철과 마그네슘은 빈혈에도 좋다. 또 글루코시놀레이트 성분이 함유되어 있어 항암작용을 한다.

잎이 싱싱하고 줄기가 억세지 않은 것이 좋다. 특유의 향이 강한 것을 고른다.

✱ 꽃이 핀 직후의 잎이 향과 맛이 강해

루콜라는 잎, 꽃, 씨 등을 이용하며, 보통 생잎을 샐러드로 먹거나 피자, 리소토, 스테이크에 얹어서 먹기도 한다. 우리나라의 열무 잎과 모양이나 맛이 비슷하다. 어린잎은 참깨 같은 향에 톡 쏘는 맛이 나고, 꽃이 피기 전의 잎은 가장 부드럽지만 톡 쏘는 맛은 가장 약하다. 꽃이 핀 직후의 잎이 향과 맛이 가장 강하다.

❦ 손질 및 보관

사용하기 직전에 씻어 손질한다. 보관할 때는 젖은 키친타월로 감싼 후 용기에 밀봉해 냉장고에 보관한다. 얼리거나 말려서 사용하는 것은 적당하지 않다.

Ashidaba

신선초

새로운 내일을 기약하는 채소

주요 영양성분
비타민 A, B1, B2, B6, 엽산, 비타민 E, K, 쿠마린, 칼콘, 게르마늄

열량
24kcal | 100g

맛있는 시기
11월

보관
젖은 신문지에 싸서 비닐 팩 등에 넣어 냉장보관. 줄기가 바닥을 향하도록 세워둔다.

1980년대 초 일본을 통해 도입되었고 1990년대에 쌈 채소로서 재배가 확대되었다. 처음에는 신립초로 불렸는데 유통 과정에서 인지도 확보를 위해 신선초로 바꾸어 부르게 되었다(일본에서는 명일엽(明日葉)이라고 한다). 쌈용과 녹즙용으로 주로 소비된다.

오늘 잎을 잘라내면 내일 다시 돋아나는 강인한 생명력을 지닌 신선초는 비타민 A, B1, B2, B6, 엽산, 비타민 E, K 등 다량의 풍부한 비타민을 함유하고 있어 피로회복과 신진대사 개선에 효과가 있다. 또 쿠마린과 칼콘 성분을 함유하고 있는데, 두 성분 모두 항암 작용을 하여 암세포 발생과 증식을 억제하는 데 도움이 된다. 줄기를 자르면 노란 즙액이 나오는데 이 액에 게르마늄 성분이 다량 함유되어 있어 혈전 생성을 막아주고 각종 혈관질환 예방을 도와준다.

❀ 손질 및 보관

먼저 상한 잎을 다듬고 흐르는 물에 깨끗이 씻어 생으로 이용하거나, 끓는 물에 소금을 약간 넣고 줄기 부분부터 넣어 살짝 데친 다음, 찬물에 헹궈 물기를 꼭 짜낸 후 사용한다.
금방 사용할 것은 젖은 신문지에 싸서 비닐 팩에 넣어 줄기가 바닥을 향하도록 세워 냉장고에 보관하거나 줄기와 잎을 분리시킨 후 냉장 보관하기도 한다.

잎과 줄기가 부드러우면서 잎 끝부분이 싱싱하고 특유의 씁쓸한 향이 은은하게 나는 것을 고른다. 전체적으로 상처가 있거나 무른 것이 있는지 살펴본다.

녹즙용으로 이용하려면 다 자란 것을, 샐러드용이나 나물로 사용할 때는 어린 순을 고른다.

❀ 생식이 영양 면에서는 가장 좋다

신선초는 쌈 채소나 샐러드, 녹즙 등 생으로 먹는 것이 영양분 섭취에 가장 좋다. 살짝 데쳐 나물로 무치거나 기름에 볶거나 튀기면 독특한 향과 쓴맛을 완화시켜준다. 다양한 국이나 전골 요리에 넣으면 은은한 향미가 색다르다. 신선초의 열매는 술로 담가서 피로회복이나 자양강장제 역할을 하는 약술로 쓰인다.

❀ 어린잎을 말려 차로 마시기도

신선초의 어린잎을 말린 명일엽차는 심장병과 고혈압에 효과가 있다고 알려져 일본에서는 오래 전부터 즐겨마셨다고 한다. 신선초 잎에는 항산화 작용을 하는 칼콘과 비타민 E가 풍부하게 들어 있어 꽃가루 알레르기에도 효과가 있다.

엔디브

Endive

쌉쌀한 향이 매력적인 서양 채소

향채

주요 영양성분
베타카로틴, 비타민 B2, C, 칼륨, 식이섬유, 이눌린

열량
17kcal | 100g

맛있는 시기
4~7월, 9~11월

보관
약간의 물기가 있는 상태로 신문지 등에 감싸 공기가 통하도록 구멍을 뚫은 비닐 팩에 담아 냉장 보관.

성서에 기록될 정도로 오래된 채소로 지중해연안이 원산지이다. 우리나라에는 1980년대 초반에 도입되었는데, 당시 치커리로 잘못 알려져 지금까지 소비자들이 혼동하고 있으나 엔디브와 치커리(치콘)는 다른 식물이다. 유럽에서는 포기 채 수확해 샐러드용으로 사용하지만 우리나라는 주로 잎을 떼어 쌈 채소로 먹는다. 품종은 상추처럼 잎이 넓은 에스카롤 계통과 우리나라에서 주로 재배하는 오글오글하고 곱슬거리는 컬리 계통이 있다. 사계절 재배가 가능하고 한 포기에서 60~70매까지 수확이 가능할 정도로 생육이 왕성한 채소이다.

엔디브는 베타카로틴, 비타민 B2와 C, 칼륨, 철분, 식이섬유 등이 풍부하다. 특유의 쓴맛은 이눌린 성분 때문으로, 혈관 속에 쌓여있는 콜레스테롤을 몸 밖으로 배출시켜 혈관질환 개선에 도움을 준다.

잎이 가늘고 주름진 것을 고른다. 녹색이 너무 진하면 수확시기가 지난 것으로 질기고 쓰다. 잎 끝이 무르거나 검게 변한 것이 있는지 살핀다.

줄기의 흰 부분이 많은 것이 좋다.

치콘

❦ 손질 및 보관

흐르는 물에 주름진 잎을 깨끗이 씻는다. 보관할 때는 분무기 등으로 물을 뿌려서 약간의 수분을 유지시킨 후 신문지나 키친타월로 감싸 위생봉투나 비닐 팩에 구멍을 뚫어서 공기가 흐를 수 있게 하여 냉장 보관한다.

❦ 더 맛있게 먹는 방법

특유의 쓴맛이 마요네즈와 찰떡궁합

아삭한 식감과 특유의 쓴맛이 있는데 마요네즈 등 감칠맛 나는 소스나 드레싱과 잘 어울리며, 설탕이나 진한 맛이 나는 식재료와 함께 조리하면 쓴맛을 완화할 수 있다.

쌉쌀한 맛이 부담스럽다면

포기를 묶어 2주 정도 지나면 내부의 잎이 하얗게 연화되어 한층 부드러운 맛을 즐길 수 있다.

Bok choy; Pak choi

청경채

가장 인기 있는 중국 채소

주요 영양성분
비타민 A, C, 칼륨, 칼슘

열량
10kcal | 100g

맛있는 시기
5~7월, 11~12월

보관
세척하지 않고 비닐 팩에 넣어 냉장보관,
또는 한번 데쳐서 냉동 보관.

중국이 원산지로 중국 채소류 가운데 가장 소비량이 높다. 비교적 재배가 쉽고 생육기간이 짧아 텃밭이나 베란다 화분에서도 잘 자란다. 시원한 맛의 식감으로 쌈, 샐러드, 녹즙용과 같이 생채로 주로 소비되나 샤브샤브나 볶음요리에 넣어 먹기도 한다. 중국에서는 대부분 익혀 먹는다. 청경채는 비타민 A와 C, 칼륨, 칼슘 등이 풍부하게 함유되어 있어 혈압을 낮추고 근육 생성에 도움을 주며 피부 미용에도 효과가 있다. 열량이 낮고 수분과 식이섬유가 풍부해 체중조절과 장 건강에도 좋다.

잎자루의 색에 따라 녹색인 것은 청경채,
백색인 것은 백경채로 부른다.

잎줄기가 옅은 청록색을 띠고
광택이 있으며 시들지 않은 것이 좋다.
흙 등의 이물질이 있거나
잎이 시든 것은 피한다.

줄기 부분이 굵고 두툼하며
밑동이 묵직하고 옆으로 퍼져 있으면서
탄력이 있는 것을 고른다.

❦ 손질 및 보관

시들거나 지저분한 부분은 정리하고 흐르는 물에 깨끗이 씻어 이용한다. 크기에 따라 작은 것은 2등분, 큰 것은 4등분하여 사용하면 편리하다. 잎과 줄기 쪽의 굵기가 다르므로 굵은 줄기 부분을 먼저 조리한 후 잎 부분을 조리하거나, 줄기 부분을 작게 썰고 잎 부분은 크게 썰어 조리하면 동일한 식감을 살릴 수 있다.
보관할 때는 씻지 않은 상태로 비닐 팩에 구멍을 조금 뚫어주어 냉장 보관하거나 한번 데친 후 물기를 제거하고 지퍼 백이나 밀폐용기에 넣어 냉동 보관한다.

❦ 기름에 요리하면 베타카로틴의 흡수율을 높여

포기 채 먹는 채소로, 수분이 많아 생으로 먹으면 아삭하게 씹히는 식감이 신선하고 강한 맛이 없어 여러 요리에 잘 어울린다. 청경채는 기름과 만나면 지용성 베타카로틴의 흡수율을 높일 수 있어 볶음요리에 사용하거나 데칠 때 뜨거운 물에 참기름을 몇 방울 떨어뜨리면 좋다. 쌈이나 샐러드 등 생으로 먹기도 하지만 샤브샤브 등 살짝 익혀 먹으면 식감과 맛이 달라지기 때문에 다양한 맛을 즐길 수 있다.

향채

Kale; Curly greens

케일

서양 잎채소 중 가장 영양이 뛰어난 채소

주요 영양성분
멜라토닌, 루테인, 베타카로틴, 비타민 B1, B2, 칼슘, 마그네슘, 칼륨, 철

열량
26kcal | 100g

맛있는 시기
3~11월

보관
신문지나 비닐 팩으로 싸서 냉장고 신선실에 보관

양배추의 야생종 중에서 가장 먼저 개량되어 재배되었다. 지중해연안이 원산지이며 17세기 미국에서 상업적으로 재배하기 시작했고 우리나라에는 1980년대에 도입되었다.
케일은 칼슘, 마그네슘, 칼륨, 철 등 다량의 무기질과 베타카로틴, 비타민 B1, B2를 함유하고 있다. 특히 베타카로틴의 함량이 매우 높아 우리 몸에 유해한 활성산소를 억제하는 항산화 작용을 한다. 멜라토닌은 체내의 독소를 배출하는 데 도움을 준다. 또 케일에 풍부한 식이섬유와 엽록소는 콜레스테롤을 감소시키며 혈압을 조절하는 기능이 탁월하고, 눈 건강에 좋은 루테인도 함유하고 있다. 케일 특유의 매운맛은 암 예방 성분으로 신미성분인 유황기가 있는 펜에틸-이소시오시아네이트 때문이다.

케일은 결구되지 않으며 잎의 오글거림이 약한 것과 그렇지 않은 것으로 나눌 수 있다.
잎이 오글거리는 정도에 따라 관상용, 차이니즈, 트리케일 등으로 구분한다.

꽃양배추로 불리는 관상용 케일
'유색케일'이라고도 한다.
10~12월에 길거리 화단에 심은 꽃양배추를 종종 볼 수 있다. 일본에서 많은 품종이 육성되었으며 녹색, 자주색, 녹색과 흰색이 섞인 것, 자주색과 빨간색이 섞인 것 등, 그 종류가 다양하다.

들었을 때 묵직하고, 잎이 진한 녹색을 띠고 표면에 반점이 없는 것이 신선하고 좋다
잎이 크고 대가 굵은 것은 녹즙용으로, 부드럽고 어린잎은 쌈이나 샐러드용으로 사용한다.

❦ 손질 및 보관

이물질을 떼어내고 흐르는 물에 깨끗이 씻어 체에 밭쳐 물기를 제거하고 사용한다. 주스를 만들 때는 잎 대가 억세고 굵어 식감을 나쁘게 할 수 있으므로 잎 부분만 잘라 사용하는 것이 좋다.
케일은 잎이 쉽게 시들 수 있으므로 신문지나 비닐 팩에 싸서 냉장고 신선실에 보관하며, 되도록 빠른 시일 내에 사용한다.

Broccoli

브로콜리

항암식품으로 잘 알려진 채소

주요 영양성분
베타카로틴, 비타민 C, U, 셀레늄, 칼륨, 칼슘, 철, 설포라판

열량
32kcal | 100g

맛있는 시기
4~7월, 9~11월

보관
랩을 씌워 줄기가 아래로 오도록 세워 냉장고에 보관한다.

케일에서 발전된 양배추의 변종으로, 우리나라에는 1970년대 말 도입되어 시험재배 되다가 2000년대 들어와 확대되었다. 영명 'broccoli'는 작은 가지 또는 꽃자루를 뜻하는 라틴어 'brocco'에서 유래된 것으로, 이탈리안 브로콜리, 스프라우팅 브로콜리로 불리기도 한다. 품종은 꽃봉오리 색에 따라 녹색, 노란색, 자색이 있고, 우리나라는 미국과 일본에서 육성한 녹색품종을 주로 재배한다.

브로콜리는 비타민 C, 베타카로틴 등의 항산화 비타민과 철분, 칼슘, 칼륨, 셀레늄 등이 매우 풍부하다. 또 비타민 U가 양배추보다 풍부하고 위암과 위궤양을 일으키는 헬리코박터 파일로리균을 억제하는 설포라판 성분이 함유되어 있어 위장질환을 완화시킨다. 셀레늄 성분은 면역체계를 강화해 성장 발육에 도움을 주고 노화를 방지하며 항암 효과가 있다.

줄기를 잘라낸 단면이 싱싱한 것을 고르고, 구멍이 있거나 갈색으로 변한 것은 피한다.

진한 녹색의 봉오리가 단단하고 가운데가 봉긋한 것을 고른다. 표면이 누렇게 변한 것은 오래된 것이고, 보라색으로 변한 것은 서리를 맞은 것이다.

꽃송이의 크기가 깨나 쌀알 정도로 균일한 것이 좋다. 꽃이 핀 것은 맛과 영양이 떨어지므로 꽃 피기 전의 브로콜리를 고른다.

꽃봉오리는 약 7만개 이상의 꽃눈이 모여 있다.

★ 항암채소의 대표주자

브로콜리에 함유된 설포라판과 인돌 화합물은 항암 작용을 한다. 설포라판 성분은 암세포가 재생되거나 전이되는 것을 억제하고 췌장의 줄기세포를 자극해 각종 암세포가 발생하는 것을 억제한다. 인돌은 여성의 유방암 발병 억제에 효과적이라고.

🌿 품종

노란색 브로콜리

자주색 브로콜리

브로콜리니

🌿 손질 및 보관

브로콜리는 미지근한 물이 담긴 그릇에 꽃봉오리 부분이 물에 잠기도록 뒤집어 10~20분가량 두면 꽃봉오리가 열리면서 흙과 벌레 등 오염물질이 떨어진다. 손질할 때는 먼저 커다란 꽃송이와 줄기를 분리한 후 굵은 줄기는 잘라내고 꽃송이는 작은 줄기 사이를 칼로 쪼개거나 손으로 떼어 한입에 들어갈 정도의 크기로 잘라낸다. 줄기 부분은 질길 수 있으므로 껍질 부분은 깎아서 사용한다.

칼보다는 손으로

브로콜리를 자를 때는 칼로 완전히 자르는 것보다 칼집을 내고 손으로 뚝뚝 잘라내는 것이 꽃송이가 덜 떨어진다.
보관 시에는 랩을 씌워서 줄기가 아래로 오도록 세워 냉장고에 보관한다. 시간이 지날수록 꽃이 벌어지고 색이 변하므로, 오래 보관해야 할 때는 끓는 물에 소금을 조금 넣고 살짝 데친 후 식혀서 밀폐용기에 담아 냉동실에 넣어두는 것이 좋다.

🌿 더 맛있게 먹는 방법

브로콜리는 송이뿐 아니라 잎과 줄기에도 비타민 C와 베타카로틴, 설포라판 등의 영양소가 풍부해 꽃봉오리뿐만 아니라 잎과 줄기까지 모두 먹는 것이 좋다. 또 브로콜리를 기름에 볶으면 지용성인 비타민 A의 흡수율을 높일 수 있다.
줄기에는 식이섬유가 많으므로 겉의 딱딱한 부분은 잘라내는 편이 좋다. 얇게 썰어 주스나 샐러드, 볶음요리에 사용한다.
물에 넣고 데칠 때는 비타민 C가 파괴되므로 녹색이 선명해지면 재빠르게 꺼내 남은 열로 익히거나 찜기나 전자레인지를 사용해도 좋다.

Cauliflower
콜리플라워

잎으로 감싸 보호하는 비타민과 아미노산

주요 영양성분
비타민 B군, C, K, 엽산, 칼륨, 식이섬유, 아릴이소시오시아네이트

열량
27kcal | 100g

맛있는 시기
4~10월

보관
랩으로 감싸 냉장고에 세워 보관한다.
장기간 보관 시에는 데쳐서 냉동 보관.

양배추의 변종으로 꽃양배추라고도 한다. 지중해 연안에서 발달하여 16~17세기에 유럽 전역으로 전파되었고 꽃봉오리를 식용으로 이용한다. 국내에서는 1970년대 후반부터 재배되기 시작했다. 브로콜리와 생김새가 비슷하지만 콜리플라워의 꽃봉오리 부분이 조금 더 크다.
콜리플라워는 비타민 B군, 비타민 C, K와 엽산, 칼륨, 식이섬유 등이 풍부하다. 비타민 C는 바이러스에 대한 저항력을 높여 감기예방과 면역력을 증진시키고 세포를 튼튼하게 해서 피부미용에 효과적이며 뼈와 관절의 콜라겐 형성에도 도움을 준다. 또 양배추나 배추보다 식이섬유가 풍부해서 장내 환경을 건강하게 유지할 수 있다. 함황합물인 아릴이소시오시아네이트는 발암물질을 억제하는 항암성분으로 콜리플라워를 썰거나 씹는 과정 중에 파괴되어 독특한 향기와 함께 나타난다. 인돌카비놀3 성분을 비롯한 항암 물질이 신장암과 위암 등의 위험을 줄여준다.
콜리플라워는 흰색이 가장 일반적이지만 비타민 A가 풍부한 주황색 콜리플라워, 안토시아닌이 풍부한 보라색 콜리플라워도 있다.

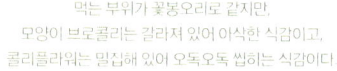
먹는 부위가 꽃봉오리로 같지만, 모양이 브로콜리는 갈라져 있어 아삭한 식감이고, 콜리플라워는 밀집해 있어 오독오독 씹히는 식감이다.

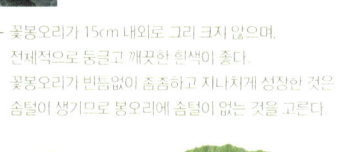
꽃봉오리가 15cm 내외로 그리 크지 않으며, 전체적으로 둥글고 깨끗한 흰색이 좋다. 꽃봉오리가 빈틈없이 촘촘하고 지나치게 성장한 것은 솜털이 생기므로 봉오리에 솜털이 없는 것을 고른다.

콜리플라워   브로콜리

※콜리플라워는 꽃봉오리의 지름에 따라 크기별로 특대, 대, 중, 소로 구분이 된다. 보통 꽃봉오리의 지름이 13~15cm 정도가 대로 구분되며, 무게는 800g 정도 된다.

갈색으로 변색되거나 반점이 있는 것은 신선도가 떨어진다.

🌱 품종

바이올렛 퀸

꽃봉오리 부분이 보라색인 품종. 보라색을 띠는 것은 안토시아닌 때문.

오렌지 부케

꽃봉오리가 오렌지색을 띠는 품종. 삶으면 색이 더욱 진해진다. 비타민 A의 전구체인 카로틴이 풍부하다.

로마네스코

콜리플라워와 브로콜리를 교배해 만든 것으로, 연녹색의 작은 원뿔형 꽃봉오리가 수십 개 모여 있는 형태. 분류상으로 콜리플라워에 속한다.

🌱 손질 및 보관

콜리플라워의 손질법은 브로콜리와 비슷하다. 겉을 싸고 있는 잎을 제거한 후 물로 깨끗이 씻어 커다란 줄기는 잘라내고, 꽃봉오리 부분의 작은 가지들은 한입 크기로 잘라내어 이용한다.

보관할 때는 랩으로 감싸 냉장고에 세워두고, 시간이 지나면 흰 꽃봉오리 색이 변하고 벌어지므로 바로 사용하지 않을 때는 데쳐서 냉동 보관한다.

🌱 더 맛있게 먹는 방법

최근 탄수화물을 적게 먹는 저탄수화물 식사가 인기를 끌면서 쌀밥과 색감, 모양, 식감이 비슷한 콜리플라워가 대체 식재료로 인기가 좋다. 콜리플라워는 100g당 27kcal로 열량이 낮고 식이섬유도 풍부하기 때문에 조금만 먹어도 포만감을 느낄 수 있다.

콜리플라워는 담백한 채소의 대표이지만, 고온에 조리하면 콜리플라워에 함유된 당성분에 의해 노릇노릇하게 색이 변하고 단맛이 살아난다.

맛있게 데치는 요령

콜리플라워를 데칠 때는 밀가루를 푼 삶은 물에 넣으면 끓는점이 올라 단시간에 데칠 수 있을 뿐 아니라, 표면을 코팅하여 아삭함을 유지할 수 있다. 단, 데친 후에 물기를 닦아내지 않는다. 여기에 레몬이나 식초를 넣으면 더욱 하얗고 깨끗하게 데쳐진다.

✱ 항응고제를 복용하고 있다면 주의

콜리플라워에는 혈액응고를 돕는 비타민 K가 풍부하기 때문에 항응고제를 먹고 있다면 섭취에 주의해야 한다.

요리에 맛과 향을 더하는
허브채소

과거에는 약초, 현재는 채소, 미래는 건강미용을 위한 중요한 식재료.

딜
Dill

이용부위
잎, 줄기, 씨앗, 꽃

용도
요리, 차, 약용

1980년대 초 국내에서 시험재배가 되었고 최근에는 쌈 채소로 이용한다. 유럽과 미국, 동남아시아, 중동지역에서 필수 향신료로 꼽힌다. 청량감 있는 강한 향과 알싸한 매운맛이 특징이다. 스칸디나비아 지역에서는 잎과 씨 모두 감자 요리나 해산물 요리에 자주 사용하며, 프랑스에서는 케이크나 페이스트리 같은 과자류에도 사용한다.

로즈마리
Rosemary

이용부위
잎, 꽃

용도
요리, 차

1980년대 초에 수입되어 재배되기 시작했다. 줄기가 바로 서는 일반형과 땅을 덮는 포복형이 있다. 주로 잎을 이용하고 꽃은 보라색, 청자색, 분홍색, 흰색이고 식용이 가능하다. 고기 요리를 할 때 함께 넣고 가열하면 고기의 잡냄새는 사라지고 풍미만 남는다. 특히 내장을 넣은 요리나 양갈비 요리에는 로즈마리를 꼭 넣어준다.

민트
Mint

이용부위
어린 순

용도
요리, 가공식품, 약용

2000년 전부터 재배된 허브로 전 세계에 약 40여종이 분포한다. 우리나라에서는 박하라고도 한다. 어린 순은 요리에 첨가하기도 하지만 정유를 추출해서 다양한 가공식품과 의약품 등에 이용한다. 품종은 잎 모양과 색깔 등에 따라 다르지만 스피아민트와 페퍼민트가 대표적이다. 육류와 잘 어울리는 허브 채소.

바질
Basil

이용부위
잎, 줄기

용도
요리, 약용

산뜻한 청량감으로 '허브의 왕'이라 불린다. 이탈리아 요리에 자주 사용되며 토마토, 마늘, 가지, 올리브와 궁합이 좋다. 바질 페스토는 샐러드나 샌드위치에 넣어도 잘 어울린다. 잎이 큰 것은 향이 강하므로 어린잎을 사용하는 것이 좋다.

크레스(물냉이)
Watercress

이용부위
잎, 줄기

용도
요리

잎과 줄기를 주로 먹으며 톡 쏘는 매운맛이 있어 기름기가 많은 요리를 먹은 후에 섭취하면 개운한 느낌을 준다. 또 혈액의 산성화를 막아주어 육류와 같이 먹으면 좋다. 끓는 물에 살짝 데쳐서 나물로 먹거나 튀김, 국으로 먹는다.

배초향
Korean mint

이용부위
잎, 줄기, 뿌리

용도
요리, 약용

'방아잎'으로도 잘 알려진 토종 허브. 주로 어린잎을 이용하며 추어탕이나 장어탕 등에 넣어 비린내를 제거한다. 위장을 강화해 소화기능을 개선하고 살균 효과가 있어 설사나 구토에도 좋다. 따뜻한 성질을 지녀 한방에서는 몸에 열이 많은 사람에게 사용하지 않는다.

Chapter 03

뿌리채소

식물이 영양소를 저장하는 곳인 뿌리를 이용하는 채소.
무, 당근같이 곧은 뿌리 외에도
고구마같이 뿌리가 덩이 모양으로 된 것,
감자같이 땅속 덩이줄기가 발달한 것이 있다.

감	자
고	구
당	근
	마
	무
생	강
연	근
우	엉
토	란

Potato

감자

전쟁의 승패마저 좌우했던 세계 4대 식량 작물

주요 영양성분
전분, 비타민 C, 칼륨, 인, 철

열량
67kcal | 100g

맛있는 시기
5~9월, 11월

보관
서늘하고 통풍이 잘되며 직사광선을 받지 않는 어두운 곳에 보관.

원산지는 잉카제국 즉 아메리카 대륙으로 16세기 스페인에 의해 유럽에 전해졌으나 울퉁불퉁한 모양이 한센병의 종양을 닮았다 생각하여 잘 먹지 않았다. 그러나 전쟁 등으로 인한 기근을 해결하기 위해 감자의 높은 생산력에 주목하면서 1700년대 후반부터 본격적으로 재배되기 시작했고 세계 인구의 주요 식량 공급원으로 자리매김했다. 현재 약 150여 개 나라에서 생산되며 옥수수, 벼, 밀과 함께 세계 4대 식량 작물로 꼽힌다. 이용 목적에 따라 식용, 가공용, 전분용으로 구분하는데, 식용은 말 그대로 가정이나 레스토랑 등에서 소비되는 요리용이고, 가공용은 감자 스낵이나 샐러드 등으로 만들 때 사용된다.

감자는 수분과 탄수화물로 구성되어 있고 칼륨, 인, 철 등이 다량 함유되어 있다. 감자의 전분은 위산과다로 생긴 질병을 개선하며 손상된 위를 회복하는 데 도움을 준다. 또 가열 시 비타민 C의 손상을 막아주기도 한다. 칼륨은 나트륨 등 유해 물질을 몸 밖으로 배출하는 역할을 해 혈압을 낮추는 효과가 있다.

속으로 들었을 때 묵직하면서 단단한 것이 잘 여문 것이다. 표면에 흠집이 적고 씨눈이 얕고 작게 분포되어 있으며 껍질에 주름이 없는 것이 좋다.

싱싱하고 구멍이 나 있지 않은 것이 좋다.

손질 및 보관

흙을 털어내고 깨끗이 씻은 뒤 껍질을 제거하여 용도에 맞게 사용한다. 통풍이 잘되고 서늘하면서 직사광선이 닿지 않는 어두운 곳에 저장한다. 상자 보관 시 상자에 구멍을 내어 통풍이 잘되도록 하고, 사과를 한 두 개 정도 넣어두면 사과에서 생성된 에틸렌 가스로 인하여 감자가 싹을 틔우지 못하게 된다.

감자를 장기간 보관하면서 햇빛에 노출될 경우 표면이 녹색으로 변하거나 싹이 날 수 있는데, 이 부분에는 솔라닌이라는 독성물질이 함유되어 있어 아린 맛이 나고 구토나 두통, 식중독을 유발할 수 있다. 따라서 표면의 녹색 부분을 잘라내고, 싹은 씨눈 부위까지 크게 도려내어 제거한 후 사용한다.

감자의 갈변현상은 감자에 함유된 페놀성 화합물이 공기와 접촉해 산화하면서 발생하는 현상으로 몸에 해롭지 않다. 미관을 위해 껍질 벗긴 감자는 차가운 물에 담가두거나 랩으로 밀폐해 공기와의 접촉을 차단하면 갈변현상을 막을 수 있다. 껍질 벗긴 감자를 보관할 때는 식초물이나 레몬을 띄운 물에 보관하거나(pH 저하), 가열해서 효소를 불활성화하거나, 혹은 냉동이나 냉장해 효소 활동을 억제하는 방법이 있다.

껍질색에 따른 품종 분류

흰색(조원)

쇠물체 크기는 작지만 강건하고 생육이 왕성한 품종으로 눈이 얕고 표피가 매끄러우며 역병에 강한 특징이 있다.

노란색(수미)

미국에서 육성되었으며 표면에 그물무늬가 있고 눈의 깊이가 얕다. 주로 식용으로 이용하지만 칩 가공용으로도 쓰인다.

붉은색(홍선)

비타민 C 함량이 높고 찌거나 삶는 것과 같이 가공 후에도 영양소의 파괴가 적다.

자색(자영)

겉과 속이 모두 짙은 자주색이다. 안토시아닌 성분이 많아 기호성이 높은 품종으로, 색이 밝아 칩 가공도 가능한 품종이다.

전분 함량이 높은 감자

감자의 품종은 전분의 함량에 따라 분질 감자와 점질 감자로 구분한다. 전분의 함량이 높은 분질 감자는 삶아서 먹기 좋다. 대표 품종으로는 '남작'과 '하령'이 있다. 점질 감자는 전분의 함량이 낮아 잘 부서지지 않아 주로 요리에 활용하거나 칩과 같은 가공용으로 적당하다. 대표적으로 '수미'나 '고운'이 있다.

수입 감자

원칙적으로 흙이 묻어있는 감자는 수입을 할 수 없으므로 수입된 감자는 세척과정을 거쳐 흙이 깨끗이 제거되어 있다. 크기가 크면서 긴 타원형이 많다.

❦ 더 맛있게 먹는 방법

감자는 대표적인 식량 작물인 만큼 다양한 요리에 활용할 수 있다. 감자를 갈아 밀가루와 섞어 감자전을 만들거나, 우유와 설탕을 첨가해 팬케이크처럼 먹거나, 이유식에도 활용할 수 있다.

감자전(한국)

재킷 포테이토(영국)

감자 뇨끼(이탈리아)

Recipe

감자 두유 수프

🥔 Ingredients

감자 2개	버터 적당량
양파 1개	소금
양송이버섯 2개	후추
두유 2C	

🥔 How to

1. 감자는 껍질 벗겨 얇게 썰고, 양파와 양송이 버섯도 얇게 썰어 준비한다.
2. 팬에 버터를 두르고 감자와 양파를 먼저 볶는다.
   양파가 갈색이 되면 양송이버섯을 넣고 볶는다.
3. 2를 믹서기에 넣고 두유 1C 넣고 갈아준다.
4. 팬에 3을 붓고 남은 두유 1C 넣어 눌러붙지 않게 저어가며 중약불로 끓여준다.
5. 소금,후추를 넣어 간을 해준다.

- 두유 대신 우유와 생크림을 사용해도 된다.
- 치즈를 넣어 풍미를 더할 수 있다.

✱ 처음에는 꽃을 감상하는 관상용으로

유럽에 전해진 감자는 처음에 환영 받지 못했다. 당시 사회적으로 미신이 팽배해 있던 유럽에서는 땅속에서 자라며 한센 병의 종양을 닮은 이 '악마의 열매'가 한센 병을 유발할까 두려웠기 때문이다. 이에 감자는 식용이 아닌, 꽃을 보는 관상용으로 재배되었다.

Sweet Potato

고구마

단맛은 강하지만 당지수는 낮아 다이어트 식품으로 인기

뿌리

주요 영양성분
전분, 비타민 A, B, C, 식이섬유, 알라핀, 칼륨, 칼슘, 마그네슘, 베타카로틴, 안토시아닌

열량
141kcal | 100g (호박고구마, 생것)
154kcal | 100g (밤고구마, 생것)

맛있는 시기
8~10월

보관
볕이 들지 않고 통풍이 잘되는 12~15℃의 실온에 보관한다.

과거에는 배고픔을 달래주던 구황작물이었으나 2000년대 이후 다이어트 식품 등 건강 및 미용을 위한 대용식으로 인기가 높다. 고구마는 탄수화물이 풍부하고 단백질, 지방, 식이섬유, 미네랄, 비타민 등이 골고루 들어있어 주식 대용이 가능하다. 칼륨을 비롯해 비타민 A, B, C가 풍부하고 비타민 C는 피로를 해소하고 스트레스를 완화하여 신경 안정에 도움을 준다. 또 고구마는 감자보다 단맛이 강하지만 당지수가 낮아 다이어트 식품으로 많이 애용된다. 호박 고구마가 주황색을 띠게 하는 베타카로틴과 자색고구마의 안토시아닌은 대표적인 항산화 물질로 활성산소를 제거하여 노화와 질병을 예방한다.

- 고구마의 비타민 C는 전분질로 싸여있어 조리할 때 열을 가해도 70~80%는 파괴되지 않는다.

껍질 일부가 검어진 것은 쓴맛이 나고, 잔뿌리가 많으면 보통 질기므로 피한다.

패이거나 병충해를 입은 곳이 없이 매끄러운 것을 고른다. 품종별로 색이 선명하며 모양이 고르고 조직이 단단한 것이 좋다. 들었을 때 무게감이 느껴지는 것이 속이 알찬 것이다.

날고구마를 자르면 하얀 유액이 나오는 것을 볼 수 있는데, 이는 얄라핀 성분으로 변을 부드럽게 하고 장운동을 촉진한다.

품종

밤고구마

모양이 둥글고 붉은빛을 강하게 띤다. 고구마를 자르거나 삶으면 밤 색상이 강하게 나타난다.

호박고구마

보기에도 길쭉하며 표면의 사이사이 굴곡이 있다. 색은 황토색에 가깝다.

자색고구마

껍질은 진한 자주색, 육질은 붉은 자주색으로 안토시아닌 함량이 높다. 색을 이용한 식품 가공에 쓰인다.

품종에 따라 맛과 식감이 천차만별

밤고구마, 호박고구마, 자색고구마 등 품종에 따라 맛이나 식감이 다르므로 각각의 특성에 맞게 활용한다. 생식이나 샐러드 등의 요리에 넣어 먹거나 물엿, 고추장, 증류주, 칩, 말랭이 등으로 가공하여 먹는다. 그 외에도 색소원료용, 전분용, 잎자루 나물용 등 다양하게 이용된다.

껍질을 벗긴 고구마는 설탕물에

우유나 사과를 같이 먹으면 좋다

표면의 흙과 먼지를 흐르는 물에 깨끗이 씻고 잔뿌리를 제거하여 사용한다. 껍질을 벗겼을 때는 엷은 설탕물에 담가두면 갈변현상을 방지할 수 있다.

고구마는 12~15℃의 실온에 보관하는 것이 좋다. 넓게 펼쳐 물기를 제거한 후 두세 개씩 신문지나 키친타월 등으로 감싼 후 상자에 담고, 상자의 옆면에 구멍을 뚫어 어둡고 통풍이 잘되는 곳에 보관한다. 냉장보관 시 당분이 녹말로 변해 단맛이 줄어든다.

고구마를 자주 섭취하게 되면 장 속이 부글부글 끓어서 가스가 차는 느낌이 생기는데, 이는 고구마에 함유된 얄라핀 성분이 발효되면서 세균의 생식을 촉진해 가스를 만들어내기 때문이다. 이럴 때는 우유와 같이 먹게 되면 그 과정을 막아줘서 가스 생성을 줄여준다. 사과에 함유된 펙틴 역시 장 점막을 둘러싸서 고구마가 장내 세균을 만나는 것을 예방해 마찬가지로 가스 생성을 억제한다.

| Recipe | 고구마 맛탕 |

Ingredients
고구마 1개
식용유 1C
설탕 3T

How to
1. 고구마를 껍질째 깨끗이 씻은 후 1cm 두께로 반달썰기 한다.
2. 팬에 식용유, 설탕, 1을 넣고 중약불로 10분 정도 끓인다.

✱ 고구마순? 잎자루!

흔히 나물로 먹는 고구마순의 정확한 명칭은 잎자루이다. 5~9월이 제철로, 삶아서 말려 두었다가 이듬해 건조 나물로 먹기도 한다. 고구마 끝순은 원줄기나 가지 줄기의 생장점에서 10~15cm 정도 되는 연한 줄기와 잎을 말한다. 비타민, 단백질, 철분 등이 풍부한, 영양가 높은 건강식품으로서 국거리나 무침 나물용으로 이용하면 좋다.

✱ 고구마가 꽃을 피우는 이유

고구마 꽃을 두고 100년 만에 한 번 피는 꽃이라고 하여 길조라고 이야기하는 사람들이 있다. 그러나 사실 온대기후에 속한 우리나라에서 고구마가 꽃을 피우는 까닭은 생존을 위한 몸부림에 더 가깝다. 생육 적정온도보다 기온이 높거나 햇빛의 양이 과다해 영양공급이 순조롭지 못해 일어나는 현상이기 때문이다. 고구마는 자기 몸의 일부를 번식에 사용하는 영양번식 작물로, 꽃을 피운다는 것은 생육환경이 순조롭지 못하면 종자라도 만들어 후세를 남기려는 의지이다.

Carrot

당근

요리에 맛과 멋을 더하는 화려한 색감

주요 영양성분
베타카로틴, 비타민 B, C, 칼륨, 칼슘, 펙틴, 루테인

열량
31kcal | 100g

맛있는 시기
1~3월, 7~12월

보관
씻어서 밀봉 후 냉장 보관 또는 흙이 묻은 채로 신문지에 싸서 그늘지고 서늘한 곳에 보관한다.

원산지는 아프가니스탄으로 12세기에 유럽에 전해져 재배되기 시작했다. 당시의 당근은 뿌리가 가늘고 딱딱해 품질이 좋지 않았기 때문에 15세기에 품종개량이 시작되었다. 현재 우리가 먹는 당근은 17세기 네덜란드에서 개량된 것이다. 당근의 뿌리 색은 처음에는 황백색이나 자라면서 백색, 노란색, 주황색, 보라색 등으로 나타난다.

당근은 베타카로틴, 비타민 B, C 등 각종 비타민이 매우 풍부하고, 철분, 칼슘, 인 등의 무기질과 식이섬유가 골고루 함유되어 있다. 특히 베타카로틴의 함량이 매우 높은데, 이는 체내에 흡수되면 비타민 A로 전환되어 눈 건강에 도움을 주고 항산화 작용을 하여 노화 방지 및 면역력 강화에 효과가 있다. 당근의 펙틴과 리그닌 성분은 장벽을 보호하고, 루테인과 리코펜 성분은 눈 건강에 효과적이며, 칼륨, 칼슘, 식이섬유는 면역력 향상과 고혈압, 동맥경화 예방에 도움을 준다.

주황색이 선명하고 표면이 매끈하며 모양이 곧고 단단한 것을 고른다

줄기가 절단된 부위가 푸른빛이 나면 햇볕에 오래 노출된 것으로 쓴맛이 날 수 있다
꽃이 피었거나 물렁물렁하고 검은 태두리가 있으면 오래된 것이므로 피하도록 한다.

🌿 품종

서양종

여름 기온이 서늘한 유럽을 중심으로 발달했으며, 특유의 당근 냄새가 강하고 대부분이 베타카로틴의 함량이 높은 등황색이다. 우리나라 재배 당근의 대부분을 차지한다.

동양종

라이코펜 함량이 높은 적자색이나 백색이 많고 중앙아시아와 중국에서 발달했다.

❦ 손질 및 보관

흐르는 물에 깨끗이 씻어 표면에 묻은 흙과 불순물을 제거한 후 용도에 맞게 썰어서 이용한다. 보관 시에는 씻은 후 밀봉하여 냉장 보관하거나, 흙이 묻은 채로 신문지에 싸서 그늘지고 서늘한 곳에 보관한다. 사용 후에 남은 당근을 보관할 때는 자른 단면에 물을 뿌린 후 랩으로 밀봉하여 보관하면 시들지 않게 다시 사용할 수 있다.

✽ 생식보다는 기름에 볶아서

당근의 베타카로틴은 주로 과육보다 껍질 부분에 많이 함유되어 있으므로 껍질째 이용하는 편이 좋다. 또 비타민 A는 지용성이어서 생으로 먹으면 흡수율이 8%에 불과하지만 기름으로 조리하면 60~70%로 높아진다.

화사한 주황색이 식욕을 돋우는 당근은 기본적으로 단맛을 가지고 있어 죽, 수프, 국, 볶음, 생채, 튀김 등의 요리부터 케이크, 주스, 쿠키 등의 디저트까지, 어떤 조리법에도 잘 어울린다.

✽ 가열하거나 식초를 더하거나

당근에는 비타민 C를 산화시키는 아스코르비나아제라는 성분이 들어있어 비타민 C가 풍부한 다른 채소와 함께 섭취할 경우 흡수를 방해할 수 있다. 하지만 아스코르비나아제는 열과 산성에 약하므로 조리 시에 식초를 첨가하거나 가열하면 이를 예방할 수 있다.

Recipe

당근새싹 비건스콘 8인분

🍳 Ingredients

- 당근 150g
- 당근 어린잎 20g
- 현미 가루 140g
- 우리밀 통밀 140g
- 바나나 100g
- 두유 80g
- 미스코바도 (유기농 사탕수수 비정제원당) 20g
- 카놀라유 40g
- 레몬즙 1T
- 소금 1/8t
- 베이킹파우더 2T
- 베이킹소다 1/4t

🍳 How to

1. 준비한 당근을 잘게 다진다.
2. 으깬 바나나와 설탕, 두유, 카놀라유, 레몬즙, 소금을 재료 분량만큼 섞는다.
3. 채 친 가루에 1에서 만든 것을 부어가며 섞는다.
4. 마지막으로 다진 당근과 당근 어린잎을 섞고 한 스쿠프씩 떼어서 팬에 모양을 낸다.
5. 180℃ 오븐에서 예열 후 25분 동안 굽는다.

Yam
마

끈적끈적한 점액질이 위장을 보호

주요 영양성분
뮤신, 전분, 비타민 C, 아미노산, 칼륨, 식이섬유

열량
63kcal | 100g (단마, 생것)
45kcal | 100g (장마, 생것)
152kcal | 100g (둥근마, 생것)
77kcal | 100g (하늘마, 생것)

맛있는 시기
9~11월

보관
서늘한 곳에서 한 번 말린 뒤 신문지나 종이에 싸서 통풍이 잘되는 곳에 보관한다. 너무 낮은 온도에서는 얼 수 있으니 주의.

《삼국유사》에서도 그 기록을 찾아볼 수 있을 만큼 우리나라에서는 오래전부터 식용으로 즐겨 먹던 채소이다. 국내에서 재배하는 마는 자생종과 도입종의 구분이 분명하지 않으나 자생종을 일컬어 참마라고 한다.
마는 비타민 C를 비롯해 아미노산, 칼륨, 철분, 인 등의 무기질과 단백질이 풍부하다. 껍질을 벗기면 뮤신이라는 점액 물질이 나오는데, 뮤신은 단백질의 흡수를 촉진해 단백질로 이루어진 위벽의 분해를 억제하고 장내에서 윤활제 역할을 하며 위를 보호한다. 소화효소인 디아스타아제와 아밀라아제 역시 함유하고 있어 소화 기능을 향상한다. 또한, 피를 맑게 하고 신장의 양기를 북돋아 주어 활력 증강과 원기 회복에 좋다.

잘라서 파는 것을 고를 때는 단면이 싱싱한지 살펴보고 고른다. 잘린 단면 사이로 뮤신 성분이 손실될 수 있으므로 자른 것보다는 통으로 흙이 묻은 것을 구매하는 편을 추천!

표면에 상처가 없고 두께가 굵은 것을 고른다. 들었을 때 무게감이 느껴지는 것이 좋다.

🌱 품종

장마
가장 일반적인 마 형태로 50~100cm 정도의 원기둥 모양이다. 생식과 가공용으로 이용된다.

단마
한약재료나 식용으로 이용한다. 덩이뿌리가 30~50cm 정도로 수분함량이 적고 육질이 단단하다.

환마
대부분 일본에서 도입된 품종으로 크기가 30~50cm 정도로 작고 수확량도 적다. 육질이 단단하며 수분함량이 적고 점액성이 매우 높다.

하늘마
열매마 종류의 아열대 작물이다. 일반 마에 비해 영양소가 많고 폴리페놀이 다량 함유되어 있다. 익히면 감자와 맛이 유사하다.

🌱 믹서보다는 강판을 사용해서

깨끗하게 씻어서 칼 등을 이용해 껍질을 벗기고 용도에 맞게 잘라서 사용한다. 마를 갈 때는 믹서보다 강판에 가는 것이 거품이 적고 점액질인 뮤신 성분이 덜 파괴된다. 믹서를 사용할 경우 다른 액체를 함께 넣고 가는 편이 수월하다.

마를 생으로 보관할 때는 서늘한 곳에서 한 번 말린 뒤 신문지나 종이에 싸서 통풍이 잘되는 곳에 보관하고, 사용 후 남은 것은 랩으로 싸거나 비닐로 밀봉하여 냉장고 채소실에 보관한다. 단, 너무 낮은 온도에서는 수분이 많아서 얼 수 있으니 주의한다.

마는 껍질을 벗기고 잠시 두면 색이 변하는데, 이는 폴리페놀의 산화로 발생하는 현상이다. 마의 변색을 방지하려면 식초 몇 방울을 떨어뜨린 물이나 레몬즙을 섞은 물에 담가두면 된다.

🌼 식전에 먹으면 원활한 소화를 도와

마에는 소화요소인 디아스타아제와 위장을 보호하는 뮤신이 풍부하여 식전에 섭취하면 원활한 소화를 돕는다. 아삭아삭한 생마를 그대로 먹는 것이 뮤신을 비롯한 영양소 파괴를 최소화한다. 튀김, 구이, 전 등 기름에 익혀 조리하면 특유의 고소한 풍미를 실릴 수 있다. 마는 익히면 특유의 끈적임이 사라지고 단맛이 증가하여 찐 감자와 비슷한 식감으로 바뀐다.

Radish

무

답답한 속을 달래주는 천연소화제

주요 영양성분
뿌리: 비타민 C, 디아스타아제, 아밀라아제
잎: 카로틴, 비타민 C, 칼륨, 칼슘, 식이섬유

열량
20kcal | 100g (조선무, 생것)
22kcal | 100g (총각무, 생것)
21kcal | 100g (왜무, 생것)
27kcal | 100g (순무, 전체, 생것)

맛있는 시기
5~6월(봄무), 10~11월(가을무)

보관
사용한 무는 용도에 맞게 적당한 크기로 잘라 밀폐 용기에 넣어 냉장 보관한다. 흙이 묻은 상태의 무는 랩이나 종이에 싸서 통풍이 잘되는 그늘진 곳에 보관한다.

원산지는 지중해 연안으로 우리나라에 도입된 시기는 분명하지 않으나 고려 시대의 『향약구급방』에 재배 기록이 남아있다. 1900년대 초까지 주로 재래종 무(조선무)가 재배되었고 이후 일본과 유럽계 무가 도입되었으며 1960년대 후반부터 새로운 품종들이 개발되어 현재는 다양한 품종들이 시중에 판매되고 있다. 표피 색에 따라 흰색, 자색, 적색, 흑색 등으로 나뉘고, 모양에 따라 원형, 알타리형, 타원형, 고드름형, 난형 등으로 분류하기도 한다.

무는 수분함량이 높고 비타민 C, 식이섬유, 칼륨, 칼슘 등이 풍부하다. 잎은 카로틴을 함유하고 있는데, 이는 인체 내에서 비타민 A로 전환된다. 무 껍질에는 비타민 C가 무 속보다 2배가량 더 많고 모세혈관을 강화하는 루틴이 들어있어 혈액순환에 도움을 준다. 무에 함유된 메틸메르캅탄 성분은 감기균을 억제하는 기능이 있어 감기 예방에 효과적이다. 또 아밀라아제와 디아스타아제는 단백질과 지방을 분해하며 위장의 기능을 증진하여 소화기능 개선에 효과적이다. 무의 뿌리에는 섬유질이 많이 들어있어 변비 예방에 좋고, 수분함량은 높으나 열량은 낮아 포만감이 크기 때문에 다이어트에도 도움을 준다.

무청(잎과 줄기)이 달린 것이 좋다. 잎이 선명한 녹색을 띠는 것을 고른다. 노란빛을 띠면 오래된 것이다.

무청이 잘린 무를 고를 때는 잘린 단면이 파랗게 생기가 있고 수분기가 있으면 바람이 들지 않은 좋은 무이다.

묵직하고 단단하며 표면이 상처 없이 매끈하고 하얗게 윤기가 있는 것이 좋다. 윗부분의 녹색과 아래쪽의 흰부분이 뚜렷이 구분되는 것이 좋다.

🌱 품종

일반무

알타리무

단무지무

일반무 마켓 등에서 가장 흔히 볼 수 있는 무로, 윗부분이 절반 가량 푸른빛이 돈다. 깍두기나 김장김치 속 재료, 소고기무국 등 다양한 요리에 활용된다.

알타리무 총각무라고도 하며, 총각김치를 담글 때 사용하는 무다. 재래종인 서울봄무를 개량한 작은 무로 전분질이 비교적 많다. 저장성은 약한 편이다.

단무지무 일본에서 도입된 무로 '왜무'라고도 한다. 이름처럼 단무지 가공에 이용되는 긴 형태의 백색 무이다.

✱ 김치별 무 고르는 법

김장김치 속, 깍두기, 동치미 등, 무는 김치에 있어 없어서는 안 될 존재이다. 다양한 김치의 종류만큼 그에 적합한 무도 제각기 다르다.

- **배춧속으로 사용하는 무** 몸이 단단하고 물이 많은 조선무. 원통형에 머리 쪽이 푸른 것.
- **단무지/짠지 무** 왜무. 무청이 달린 싱싱한 것으로, 몸이 희고 길며 끝이 쭉 빠지고 잔털이 없는 것.
- **총각김치** 작고 단단하고 동글동글한 서울 무가 좋다.
- **깍두기** 물이 많고 단단한 것으로 윗부분이 푸르고 흰색이 많은 것.
- **동치미** 무청이 싱싱한 것으로 윗부분이 파랗지 않은 것.

🌿 손질 및 보관

흙이 묻은 원형의 상태로 보관하는 것이 좋다. 이때 무청은 잘라내어 따로 보관한다. 사용할 부분만 토막을 내어 흙을 씻어내고 수세미로 문지르거나 칼로 껍질을 벗겨 용도에 맞게 잘라서 쓴다.
사용한 무의 경우는 랩으로 감싸거나 용도별로 잘라 밀폐 용기에 넣어 냉장 보관한다. 잎을 잘라내고 흙이 묻은 상태의 무는 랩이나 신문지로 싼 후 바람이 잘 통하고 그늘진 곳에서 보관한다.

🌱 계절별로, 부위별로 맛이 다르다

우리나라에서 가장 많이 쓰이는 채소 중 하나인 무는 알싸하면서도 달콤한 맛을 내며, 계절에 따라 다른 맛을 가지고 있다. 기본적으로 서늘한 기후에서 잘 자라기 때문에 겨울 무는 당분이 많고 조직이 단단해 어떤 요리를 해도 풍부한 맛을 낸다. 반면 여름 무는 겨울 무에 비해 조직이 연하고 쉽게 무르며 상대적으로 단맛이 덜하다. 쓴맛 또한 강한 편이어서 당분을 첨가한 조리법을 사용하면 좋다. 무의 품질이 떨어지는 시기에는 순무, 콜라비 등의 대체 식재료를 활용한다.
무는 부위에 따라 맛이 달라 용도에 맞게 부위를 선택해 사용하는 것이 좋다. 무청과 가까운 윗부분은 단맛이 강해 샐러드나 생채에 적합하고, 중간 부분은 조직이 단단하고 아삭거리는 식감 때문에 국이나 전골, 조림 요리에 사용하면 좋다. 뿌리가 있는 아랫부분은 가장 알싸한 맛이 나고 식감이 단단해 무나물이나 익힘 요리에 적합하다. 무청은 기름에 볶거나 어패류의 조림에 넣어 먹으면 좋다.

무의 부위에 따른 맛

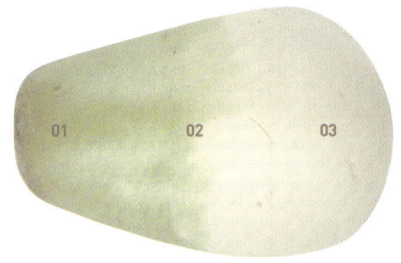

01 단맛이 많아 주스나 생채에 적합
02 달면서도 매운맛이 살짝 돌기 때문에 조림, 찜 요리에 적합
03 매운맛이 강하므로 볶음이나 국물 요리에 적합

Recipe

무떡

🌱 **Ingredients**

무 1/2개
쌀가루(혹은 중력분) 4T
전분 4T

🍲 How to

1. 무는 깨끗이 씻어 껍질을 까고 강판에 갈아준다.
2. 갈아놓은 무는 면보를 이용해 수분을 어느 정도 거른다.
3. 2에 쌀가루와 전분을 넣고 잘 섞어준다.
4. 달구어 기름을 두른 팬에 반죽을 한술씩 떠서 굽는다. 앞면과 뒷면이 노릇하게 익으면 꺼낸다.

- 수분을 제거한 뒤 쌀가루와 전분을 섞을 때는 감자전의 반죽 정도로 되직하게 한다.
- 기본적으로 무에 단맛이 있으므로 당분이나 소금 간을 따로 하지 않아도 좋다.
- 간장보다는 폰즈소스같이 가벼운 소스가 어울린다.

순무 Turnip

지중해 연안이 원산지인 순무는 생김새가 무와 비슷하지만, 식물분류학적으로는 배추로 구분된다. 우리나라에는 고려 시대 『향약구급방』에 종자가 약재로 쓰였다는 기록이 있어 고려 시대부터 재배하였을 것으로 추측된다.

둥근 뿌리 열매는 대부분 수분으로 구성되어 있으며 비타민 C나 칼륨이 풍부하고 소화효소인 디아스타아제가 함유되어 더부룩하거나 속 쓰림 증상에 효과가 있다. 순무는 잎이 훨씬 영양가가 높은데, 카로틴, 비타민 B2, C, 칼슘 등이 함유되어 있다.

선명한 초록빛을 띠고 잎맥이 뚜렷이 보이는 것

상처 없이 매끈하고 잔뿌리가 적은 것

✱ 우리나라는 대부분 자색 순무

뿌리 색깔에 따라 백색, 자색, 적색, 노란색으로 구분하는데, 우리나라에서는 대부분 자색 순무가 재배된다. 특히 강화 순무가 유명한데, 이곳에서 생산되는 순무는 조선 시대 영국 군사교관이었던 콜웰이 서양 순무 씨앗에 토종 순무 씨앗을 교잡하여 토착화한 것이다.

Ginger

생강

혈액순환을 도와 몸을 따뜻하게 하는 겨울철 필수품

주요 영양성분
탄닌산, 칼륨, 칼슘, 마그네슘, 진저롤, 쇼가올

열량
42kcal | 100g

맛있는 시기
10~11월

보관
비닐이나 젖은 키친타월에 싸서 냉장보관. 빻은 생강은 소분하여 냉장 보관하고 편으로 썬 생강은 하루 정도 말려서 수분을 없앤 후 냉동 보관.

원산지는 인도로, 마르코 폴로가 중국에서 발견하여 유럽으로 전파되었고 16세기부터 전 세계가 애용하는 향신 채소가 되었다. 우리나라는 《고려사》에 생강에 대한 기록이 처음 등장하며, 원산지에서 다년생 작물인 것과 달리, 1년생 작물이다. 가공용, 양념용, 약용으로 쓰이며 대부분은 양념용으로 이용된다.
생강은 탄닌산이 풍부하고 무기질인 칼륨, 마그네슘, 철과 비타민 B2, C, E가 함유되어 있다. 또 생강에 들어있는 진저롤과 쇼가올 성분은 몸의 찬 기운을 밖으로 내보내어 따뜻함을 유지해주고, 혈관에 쌓인 콜레스테롤을 몸 밖으로 배출해 혈액을 정화하고 혈액순환을 도와준다. 이밖에도 살모넬라, 티푸스, 콜레라균 등에 살균 효과가 있어 식중독을 예방한다. 디아스타아제와 단백질 분해효소는 소화액의 분비를 자극해 장운동을 촉진하고 구토, 메스꺼움 등을 완화하며 소화흡수를 돕는다.

한 덩어리에 여러 조각이 붙어 있으며 고유의 매운맛과 향기가 강한 것이 좋다.

전체적으로 굴곡이 적고 상처가 없이 매끄러우며 육질이 단단한 것, 껍질이 얇고 황토 색을 띠는 것을 고른다.

절단면이 깨끗한 것이 좋다. 섬유질이 많아서 일부분이 썩었다고 해도 그 속에 포함된 곰팡이와 독소가 전체로 퍼지기 때문에 부분적으로 썩거나 곰팡이가 피었으면 바로 버린다.

🌿 품종

크기에 따라 소생강, 중생강, 대생강으로 나눈다.

소생강

중생강

대생강

조생종으로 줄기가 가늘고 섬유가 많으나 수분이 적다. 매운맛이 강하고 부패에 강하다.

생육 기간이 상대적으로 길다. 살이 연하고 통통하며 육질이 좋다. 매운맛은 중간 정도로 김장철에 많이 출하되는 품종이다.

잎과 줄기가 크고 굵은 편이나 육질이 연하고 매운맛이 가장 적다. 저장성이 낮아 주로 제과용이나 편강용으로 사용된다.

🌿 손질 및 보관

생강은 깨끗이 씻어 겉에 묻은 흙과 이물질을 제거하고 물에 15~20분간 불려준 뒤 수저나 칼을 이용해 껍질을 벗긴다. 알루미늄포일을 뭉쳐서 문질러주면 생강의 울퉁불퉁한 골 사이에 있는 껍질을 쉽게 벗길 수 있다.

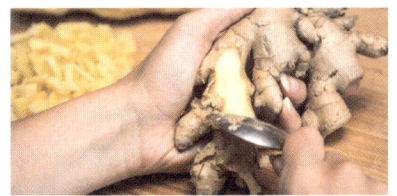

장기간 보관 시에는 흙이 묻은 상태로 봉투에 담아 통풍이 잘되고 그늘지고 서늘한 곳에 보관한다. 며칠 내로 사용할 생강은 다듬은 후 비닐이나 젖은 키친타월 등에 싸서 냉장 보관한다. 빻거나 찧은 생강은 한 번에 사용할 만큼씩 소분하여 냉동보관하고, 편으로 썬 것은 하루 정도 말려서 수분을 없앤 후 냉동 보관한다.

🌿 부엌 신이 내려준 최고의 향신료

생강은 특유의 알싸한 맛과 향으로 김치 등 각종 양념류의 부재료로 사용되며, 고기와 생선의 비린내 제거에도 탁월하다. 생강 특유의 향을 내는 정유 성분에는 살균 효과가 있어 독성을 중화하고, 음식의 향미를 돋워준다. 향신료뿐만 아니라 약용이나 카레 가루 등 분말로 가공해 제과·제빵이나 음료용 재료로 다양하게 활용된다.

외국에서는 향수나 비누 등의 화장품이나 맥주 및 콜라와 같은 음료, 약용(진해, 제산제, 발모제)으로 널리 이용된다. 조선 시대 3대 명주(酒) 중 하나인 이강주는 호남의 특산물인 생강과 배로 담근 술로 왕의 진상품이었다.

01   02

01 생강 쿠키
서양에서는 보통 생강 쿠키나 생강 빵 등 달콤한 디저트를 만들 때 사용한다.

02 몸이 따끈따끈 생강차
생강차는 몸을 따뜻하게 해주어 추운 겨울이나 감기 초기에 마시면 좋다.

Lotus root

연근

독특한 문양이 최고의 장식

주요 영양성분
비타민 B2, C, E, 칼륨, 인, 철, 탄닌, 뮤신, 식이섬유

열량
75kcal | 100g

맛있는 시기
11~2월

보관
종이나 비닐에 싸서 바람이 잘 통하는 서늘한 곳에 두고 되도록 빨리 먹는다. 껍질을 벗긴 연근은 식초를 넣은 물에 담가 냉장 보관.

우리나라에 도입된 시기는 정확한 기록이 없으나 불교와 함께 전래된 것으로 추측된다. 원래는 연못에서 자생하는 연 뿌리를 채취하여 이용하다가 1950년대 말부터 재배하기 시작했다. 오랫동안 식용과 관상용으로 품종분화가 이루어졌으며, 식용의 꽃 색은 백색이나 분홍색이나 관상용은 색의 종류가 다양하다.

연근에는 칼륨, 인, 철 등의 무기질과 비타민 B2, E가 함유되어 있고, 특히 비타민 C가 매우 풍부하다. 항산화 작용을 하는 비타민 B군과 C는 피로회복과 각종 염증 완화에 좋고, 철분은 혈액 생성을 도와준다. 연근의 껍질이나 마디에 함유된 탄닌은 점막 조직의 염증을 억제해 위궤양 및 십이지장궤양에 도움을 주고, 뮤신이라는 점액질 성분은 단백질의 소화를 촉진시키고 위를 보호한다. 또 식이섬유가 풍부해 장내 활동을 활발히 한다.

모양이 길고 굵은 것을 고른다.

속이 하얗고 구멍의 크기가 고르며 과육이 부드러운 것이 좋다.

구멍 안쪽이 검게 변한 것은 고르지 않는다.

❦ 손질 및 보관

물로 흙을 깨끗이 씻어서 껍질을 벗기고 살짝 데친 후 찬물에 담가놓아 쓴맛이 빠지도록 한다. 데칠 때는 끓는 물에 식초를 조금 넣고, 식히는 찬물에도 식초를 조금 넣고 헹구면 갈변을 막고 흰색을 유지할 수 있다.

흙이 묻은 연근은 종이나 비닐에 싸서 바람이 잘 통하는 서늘한 곳에 두고 되도록 빨리 먹는다. 쓰고 남은 연근은 랩으로 싸서 냉장 보관하고, 껍질을 벗긴 것은 그냥 두면 색이 변하기 쉬우므로 식초를 넣은 물에 담가 냉장고에 보관한다.

✱ 용도에 맞게 손질하는 것이 포인트!

연꽃은 진흙 속에서 피어나 우아한 자태가 돋보이는 청결하고 고귀한 식물로, 보통 꽃잎은 향긋한 차로, 커다란 연잎과 그 아래 뿌리인 연근은 식재료로 활용한다. 연근은 껍질을 벗겨 구이, 부침, 튀김, 초절임, 무침, 조림, 정과 등 다양한 요리에 사용된다. 특히 연근은 얇게 썰면 특유의 섬세한 문양이 도드라져 맛과 영양뿐만 아니라 시각적인 효과까지 더할 수 있다. 연밥은 생식, 당절임하기도 하고, 연잎은 연잎 밥이나 육류를 삶을 때 포장용으로 쓰이기도 한다. 한편, 연근의 단단한 섬유질은 어떻게 자르느냐에 따라 식감이 달라지므로, 용도에 맞게 달리 손질하는 것이 좋다. 빠르게 조리하여 아삭함을 살리고 싶다면 둥글게 썰고, 조림 등 부드러운 식감을 원한다면 마구썰기하는 것이 좋다.

Recipe

연근 두부 완자

❦ **Ingredients**

연근 300g	소금, 후추 한꼬집
두부 100g	옥수수 전분 적당량
카레가루 1T	식용유

🍃 **How to**

1. 연근은 껍질을 벗겨 적당한 크기로 썰고, 두부도 작게 잘라 믹서에 갈아준다.
2. 카레가루, 소금, 후추를 넣고 섞은 후 옥수수 전분을 조금씩 섞으며 반죽한다.
3. 한입 크기로 빚은 후 옥수수 전분을 묻혀 기름에 튀긴다.

• 당근, 양파, 마늘 등 채소를 잘게 썰어 볶은 후 섞으면 연근 두부 채소완자가 된다.

Edible burdock

우엉

아삭아삭한 식감과 고소한 맛이 일품

주요 영양성분
이눌린, 리그닌, 당질, 마그네슘, 칼륨, 아연, 비타민 B2, E, 사포닌, 아르기닌

열량
69kcal | 100g

맛있는 시기
2~7월

보관
흙을 제거하지 않고 알맞은 길이로 자른 후 신문지나 랩으로 싸서 냉장 보관한다. 장기간 보관 시 손질 후 삶아서 비닐 팩이나 밀폐용기에 소분하여 냉동 보관한다.

우리나라에 도입된 시기는 불분명하지만 《향약구급방》에 최초의 기록이 있는 것으로 보아 고려시대 이전일 것으로 추측된다. 우리나라와 일본, 중국에서는 식용으로 이용하지만 유럽이나 미국에서는 일반 식물로 취급하여 먹지 않는다. 잎자루 색이 녹색과 자색인 것으로 나뉘는데, 녹색이 식용이다.

우엉은 당질과 칼륨, 마그네슘, 아연과 같은 무기질과 비타민 B2, E가 함유되어 있다. 특히 식이섬유가 풍부한데, 이 가운데 이눌린은 혈당 조절력이 뛰어나 당뇨병에 효과가 좋고, 우엉을 잘랐을 때 나오는 끈적거리는 성분인 리그닌은 항암작용, 정장작용에 도움이 된다. 껍질에 함유된 사포닌 성분은 콜레스테롤 수치를 낮춰주며, 아르기닌 성분은 동맥을 확장시켜 혈액순환을 원활하게 한다.

줄기는 전체적으로 2cm 정도로 굵기 차이가 없이 고르게 뻗어 있는 것을 고른다.

껍질을 만졌을 때 흙이 묻어나고 양끝을 잡고 구부렸을 때 부드럽게 휘어지는 것이 신선도가 높은 것이다. 상처가 없이 매끈하고 밝은 갈색을 띠는 것이 좋다.

🌿 품종

잎우엉

잎, 줄기, 가는 뿌리를 이용하는 품종으로 잎은 진한 녹색이며 향이 있고 쓴맛이 없어 쌈채소와 나물로 이용한다.

뿌리우엉

우리가 흔히 알고 있는 형태의 우엉으로, 뿌리를 이용하는 것이다. 아삭한 식감과 독특한 향으로 여러 가지 음식에 활용하며 섬유질이 많다.

❦ 손질 및 보관

표면에 묻은 흙을 깨끗이 씻고 껍질을 벗기지 않은 채로 솔로 문질러 씻거나 칼등으로 살짝 긁어낸다. 물에 씻은 경우에는 가능한 빨리 사용하는 것이 좋으며 공기에 접촉하면 갈변되기 쉬우므로 식초를 섞은 물에 담가 변색을 막아준다. 쌀뜨물에 담그면 아린 맛도 제거되고 영양소 손실도 막을 수 있다. 또 우엉은 연필 깎듯이 썰어야 거친 섬유질을 연하게 섭취할 수 있다. 긴 우엉은 알맞은 길이로 자른 후 흙을 제거하지 않고 신문지나 랩으로 싸서 냉장 보관한다. 장기 보관 시에는 손질 후 삶아서 비닐 팩이나 밀폐용기에 소분하여 냉동 보관한다.

✽ 보관 시 껍질을 그대로 두는 까닭

우엉 특유의 풍미나 맛, 사포닌을 비롯한 많은 영양소가 껍질에 있기 때문이다.

❦ 아삭한 식감과 고소한 맛이 매력적

아삭아삭 씹히는 식감과 고소한 맛이 매력적인 우엉은 주로 조림, 볶음, 김치, 샐러드 등으로 만들어 먹는다. 고기나 생선의 찜 요리, 튀김요리에 활용해 아삭한 식감을 더하고 섬유질을 보충할 수 있다. 전골이나 찌개에 넣으면 우엉의 구수한 맛이 더해져 한층 더 풍부한 맛이 난다.

✽ 우엉을 삶으면 파래지는 까닭

우엉에 있는 칼륨, 나트륨, 칼슘, 마그네슘 등의 무기질이 우엉의 색소 안토시아닌과 반응해서 변색이 되기 때문이다. 인체에는 무해하니 안심하고 먹어도 된다.

Recipe

우엉 소고기 잡채

🌱 Ingredients

우엉 150g
소고기(잡채용) 100g
당면 100g
표고버섯 4개
만가닥버섯 150g
풋고추 2개
들기름 1T
참기름 2~3T
통깨 적당량
식용유 적당량

◇ 우엉 양념
간장 2T
청주 2T
올리고당 2T

◇ 당면 양념
간장 2T
설탕 2T
참기름 2T

◇ 소고기 양념
간장 1/2T
설탕 1t
마늘 1t
참기름 1t
후추 약간

🍲 How to

1. 당면은 물에 1시간 정도 불리고, 소고기는 양념에 버무린다.
2. 우엉은 가늘게 채를 썬 뒤, 물에 식초 1T가량 넣고 채 썬 우엉을 담근다. (갈변 방지)
3. 표고버섯은 얇게 썰고 만가닥버섯도 손질한다. 풋고추도 채 썰어 준다.
4. 채 썬 청고추는 기름에 살짝 볶아준다.
5. 버섯은 기름에 볶다가 익으면 건져낸다.
6. 우엉은 기름 2T, 들기름 1T 두르고 볶다가 익으면 양념을 넣어 골고루 스며들도록 볶아준다.
7. 소고기도 기름을 둘러 볶아낸다.
8. 당면을 부드럽게 삶아 한 번 헹궈 물기를 뺀 뒤, 팬에 당면과 양념을 넣고 볶아준다.
9. 당면을 볶으면서 앞서 준비한 우엉, 버섯, 소고기, 풋고추를 넣어 살짝 버무린 뒤, 통깨를 넣고 마무리한다.

Taro

토란

미량원소와 무기질이 많은 알칼리성 식품

주요 영양성분
단백질, 칼륨, 칼슘, 비타민 B, E, 엽산,
식이섬유, 뮤신, 멜라토닌

열량
71kcal | 100g (생것)
73kcal | 100g (삶은 것)
20kcal | 100g (토란대)

맛있는 시기
10~11월

보관
흙을 제거하지 않고 종이에 싸서 실온
보관한다. 이때 물을 살짝 뿌린다.
손질한 토란은 물기를 닦아내고 밀봉하여
냉장 보관한다. 5℃ 이하의 저온에서는 쉽게
상하니 주의!

땅에서 자라 알같이 생겼다고 하여 토란이라는 이름이 붙었다. 재래종을 재배하다가 1990년대부터 시험연구를 통해 품종을 개발하기 시작했다. 우리나라에서는 봄에 심어 가을에 수확하는 1년생 작물이다. 알뿐만 아니라 줄기도 식용으로 이용하며, 줄기는 녹색과 자색이 있고 토란 역시 둥근 모양과 길쭉한 모양이 있다.

토란은 구근류 중에서는 비교적 단백질 함량이 높고 필수아미노산이 풍부하다. 칼륨, 인, 칼슘 등의 무기질과 비타민 B, E, 엽산, 식이섬유 또한 함유하고 있다. 칼륨은 체내의 나트륨 배출을 도와주며, 풍부한 식이섬유는 장운동을 촉진시켜 배변활동에 도움을 준다. 토란의 미끈거리는 질감은 뮤신 때문이며 이는 위와 장의 점막을 보호하고 소화기관을 강화한다. 또 멜라토닌 성분은 불면증과 노화방지, 우울증 해소에 도움을 준다.

깨끗한 흰색을 띠고 끈적이며
윤기가 도는 것이 신선한 토란이다

길쭉한 타원형에 껍질에 흙이 묻어있고
물기가 촉촉한 것을 고른다

국내산 토란은 모양이 길쭉하고
껍질이 잘 벗겨지며 수염뿌리가
적게 붙어 있는 것이 특징

❦ 손질 및 보관

쌀뜨물에 담가 미끌거림 제거

흐르는 물에 깨끗이 씻어 껍질을 벗기고 쌀뜨물에 담가두면 표면의 미끌거림과 불필요한 맛 성분을 없앨 수 있다. 아린 맛이 강하므로 손질한 토란을 소금물에 삶아 찬물에 헹구면 좋다.

장갑을 끼고 손질

토란은 수산칼슘 성분 때문에 손질할 때 손이 따갑거나 가려울 수 있으니 가능하면 장갑을 끼도록 한다.

종이에 싸서 보관

토란은 냉장 보관보다 실온에 보관하는 것이 좋은데, 흙이 묻은 상태로 키친타월이나 종이에 싼 다음 물을 살짝 뿌려 통풍이 잘 되는 서늘한 곳에 보관한다. 손질한 토란은 물기를 닦아내고 잘 밀봉하여 냉장 보관한다. 이때 온도가 5℃ 이하로 내려가면 부패하기 쉬우므로 주의한다.

✱ 토란 껍질 쉽게 벗기기

씻어서 진흙을 제거하고 뜨거운 물에 3분 정도 데친 뒤 찬물에 헹구면 딱딱한 겉껍질만 반들반들하게 벗겨진다. 이는 껍질을 쉽게 벗기기 위한 사전 준비로 완전히 익지 않은 상태이다.

✱ 반드시 익혀서

토란에는 아린 맛을 내는 약간의 독성 성분이 들어있기 때문에 익히지 않고 섭취하면 알레르기 반응을 일으킬 수 있다. 삶고 난 이후에 찬물에 충분히 담가주어 독성을 제거한다.

❦ 토란대와 토란잎도 활용

토란은 단백질(2.5%), 탄수화물(20%)의 함량이 높아 식량작물로 활용될 수 있으며, 조림이나 탕, 찜 등의 요리에 사용되는 등 감자와 그 쓰임새가 유사하다. 다시마에 풍부한 알긴(당질 성분의 점질물질)과 요오드 성분은 토란 속 수산석회를 비롯한 유해성분이 몸속에 흡수되는 것을 억제하고, 다시마 특유의 감칠맛이 토란의 떫은맛을 잡아내어 부드럽게 해주므로 같이 요리하면 좋다.

토란대는 겉의 강한 섬유질을 벗겨내고 잘라서 말렸다가 국 또는 탕에 넣어 끓여먹거나 볶아서 나물로 먹는다. 말린 토란잎은 뻣뻣함을 덜어내고 유해성분을 제거하기 위해 요리하기 하루 전에 물에 담갔다가 삶아서 토란잎 쌈, 토란잎나물 등으로 섭취한다.

채소를 활용한
드레싱 레시피

다양한 채소를 섞어 만든 가볍고 건강한 한 끼 식사 샐러드. 최근에는 샐러드 전문점이 여럿 생겼을 정도로 인기를 끌고 있다. 샐러드에서 무엇보다 중요한 것은 드레싱인데, 샐러드의 맛과 향에 다채로움을 선사하기 때문이다.

1. 파프리카바나나드레싱

Ingredients
파프리카 1/2개　레몬즙 1T
바나나 1개　　　꿀 조금
소금 1/2T

2. 딸기셀러리드레싱

Ingredients
딸기 200g　　레몬즙 2T
셀러리 30g　 소금, 후추 조금
올리브유 3T

How to
1. 딸기와 셀러리는 믹서에 갈거나 다져서 나머지 재료와 섞는다.

3. 미나리요거트드레싱

Ingredients
다진 미나리 30g　설탕 1/2T
플레인요거트 1개　소금 약간
레몬즙 3큰술

4. 대파양파드레싱

Ingredients
대파 1/2개　　소금 1/2T
양파 1/2개　　참기름 2큰술
생강가루 1/2t

How to
1. 대파와 양파를 다진 후, 남은 재료와 섞는다.

Chapter 04

산채와 버섯

산채는 산에서 자라는 풀과 나뭇잎 중
먹을 수 있는 것으로 보통 산나물이라고 한다.
또 산과 들에서 자생하는 채소를 오래 전부터
즐겨 먹었다고 하여 민속채소라고도 한다.

버섯은 식물처럼 보이지만 사실 식물이 아니라 균류에 속한다.
식물과 달리 광합성을 통해 영양분을 만들지도 않고
뿌리도 없으며 포자로 번식한다.
보통 나무껍질, 낙엽, 생명을 다한 나무 등으로부터 영양분을 얻어 자란다.

산채		**원추리**	
고들빼기		죽순	
고려엉겅퀴		참나물	
고사리			
곰취		**버섯**	
냉이		큰느타리	
더덕		느타리	
도라지		만가닥	
두릅		목이	
방풍		양송이	
비름나물		팽이	
산마늘		표고	

Korean lettuce

고들빼기

꼬들꼬들 씹히는 맛과 쓴맛이 일품

주요 영양성분
이눌린, 칼슘, 칼륨, 인, 철, 나트륨, 식이섬유

열량
29kcal | 100g

맛있는 시기
3월, 6월, 10~11월

보관
흙이 묻은 상태에서 키친타월로 감싸 비닐봉지에 담아 냉장 보관.

우리나라 자생식물로, 오래 전부터 야생종을 채취해 즐겨먹던 민속채소이다. 기후 적응성이 뛰어나고 비교적 토양을 가리지 않고 잘 자라서 양지 바른 산이나 들, 밭, 과수원, 도로변 등에서 쉽게 접할 수 있다. 고들빼기는 칼슘과 칼륨, 인과 철, 나트륨 등의 무기질이 풍부하고 식이섬유소를 다량 함유하고 있다. 주성분은 이눌린으로 매우 떫고 쓴맛을 가지고 있으며 천연 인슐린으로 불리며 혈당 조절에 도움을 주고 콜레스테롤을 저하하는 효능이 있다. 또 최면, 진통, 진정에 효과가 있는 락투카리움, 락투신, 게르마니컴, 락투카롤, 히오스치아민 등의 특수성분이 함유되어 있어 심신을 안정시키는 데 좋다.

적당한 굵기의 뿌리가 매끈하고 잔뿌리는 적은 것이 좋다.

잎은 연하고 약간 보랏빛을 띠는 것이 좋다. 변색되거나 무른 것은 피한다.

야생 고들빼기는 향이 강하고 시설에서 재배한 것에 비해 크기가 약간 작으며, 뿌리는 통통한 듯 짧다

❀ 손질 및 보관

잔뿌리를 제거하고 잎과 뿌리 연결 부위의 흙과 이물질을 긁어낸 후 깨끗하게 씻어준다. 쓴맛이 강하므로 야생 고들빼기는 소금물에 4~5일가량 물을 두세 번 갈아주면서 담가두고, 재배한 고들빼기는 하루나 이틀 정도 소금물에 담가두면 쓴맛을 제거할 수 있다.
보관 시에는 물에 씻지 않은 채로 키친타월에 감싸 비닐봉지에 담아 냉장 보관한다. 시간이 지날수록 뿌리와 줄기 부분이 검게 변하므로 가능한 빨리 사용하는 것이 좋다.

❀ 고들빼기김치는 가을 고들빼기로

쌉쌀한 맛으로 입맛이 없을 때 식욕을 돋워주기도 하는 고들빼기는 봄 고들빼기와 가을 고들빼기로 구분할 수 있다. 봄에 채취하는 고들빼기 어린 싹은 섬유질이 적고 부드러워 겉절이나 초무침을 한다. 가을철에 나는 고들빼기는 갖은 양념으로 버무려 고들빼기김치로 담가 먹는다. 고들빼기김치는 고들빼기의 최대 생산지인 고창, 순천 등 전라도 지역을 대표하는 김치다. 특유의 쌉쌀한 맛과 풍부한 비타민은 육류와도 잘 어울린다.

Korean thistle

고려엉겅퀴(곤드레)

비타민과 단백질을 한번에 해결하는 웰빙 식재료

주요 영양성분
식물성 단백질, 칼슘, 인, 철분, 베타카로틴, 비타민 B1, B2, C, 실리마린, 아피게닌

열량
32kcal | 100g

맛있는 시기
5~7월

보관
밀봉하여 냉장고 신선실에 보관. 장기간 보관 시에는 데친 후에 소분하여 냉동 보관하거나 말려서 햇볕이 없고 통풍이 잘 되는 곳에 보관.

곤드레 나물로 더 잘 알려져 있지만 표준명칭은 고려엉겅퀴로, 어린잎과 줄기를 먹는다. 전국 들판에 자생하며 요즘에는 재배를 통해 5월부터 7월까지 서너 차례 수확하는데, 이 시기에는 생곤드레를 구할 수 있다. 그 외에는 데쳐서 말린 곤드레가 유통된다.

곤드레는 식물성 단백질이 풍부하고 칼슘, 인, 철분, 베타카로틴, 비타민 B1, B2, C 등 무기질과 비타민이 풍부하게 함유되어 있다. 베타카로틴 성분은 체내의 활성산소를 제거하여 암을 예방하고, 칼슘, 인, 철분은 뼈를 튼튼하게 하고 빈혈을 예방한다. 실리마린이 다량 함유되어 있어 간을 보호해주며, 연골 파괴를 억제하는 효과가 있는 아피게닌 성분도 함유되어 있다.

말린 곤드레는 전체적으로 녹갈색을 띠고 있는 것이 잘 건조된 것이다. 곤드레 특유의 구수한 냄새가 나고 이물질이 섞여 있지 않은 것을 고른다.

짙은 녹색을 띠고 연하며, 뿌리가 곧게 펴진 것이 좋다.

❦ 손질 및 보관

생곤드레는 시든 부분만 정리하고 흐르는 물에 깨끗이 씻어 사용한다. 말린 곤드레는 끓는 물에 10~15분가량 삶고 불을 끄고 나서도 10분 정도 물에 담가 충분히 불려준 다음, 깨끗한 물에 씻어 이물질을 완전히 제거한 후 용도에 맞게 잘라서 사용한다. 만져보고 지나치게 억센 줄기는 제거한다. 보관 시에는 바로 사용할 곤드레는 잘 씻어서 물기를 제거한 후 비닐 팩이나 용기에 밀봉하여 냉장고 신선실에 보관하고, 오래 두고 쓰려면 끓는 물에 데친 후 물기를 꼭 짜서 한 번에 먹을 양만큼만 밀폐 용기에 담아 냉동실에 보관한다. 또는 삶은 곤드레를 채반에 잘 널어 햇볕이 들지 않고 바람이 잘 부는 곳에 두고 말려 햇빛이 들지 않는 곳에 보관한다.

❦ 주로 곤드레 밥으로

곤드레의 어린순은 데쳐서 나물이나 장아찌, 튀김으로 먹으며 쌈 채소로 활용하기도 한다. 생으로 섭취해도 좋지만, 주로 말린 곤드레로 밥을 지어먹는다. 단백질, 칼슘, 비타민 A 등의 영양이 풍부한 곤드레가 탄수화물이 풍부한 쌀과 어우러지면서 서로 부족한 영양을 보충한다. 말린 곤드레는 물에 불린 후 볶아서 나물을 만들거나 찜 요리에 넣어 먹기도 한다.

Common bracken

고사리

산에서 나는 쇠고기로 불릴 만큼 단백질이 풍부

주요 영양성분
단백질, 카로틴, 비타민 B1, B2, C, 엽산, 아스파라긴산, 글루타민산, 칼륨, 인

열량
22kcal | 100g (생것)
261kcal | 100g (말린 것)
21kcal | 100g (데친 것)
273kcal | 100g (삶아서 말린 것)

맛있는 시기
4~6월

보관
데쳐서 그릇에 담고 잠길 만큼 물을 부어 냉장 보관한다. 건고사리는 햇볕이 들지 않고 건조한 곳에 보관한다.

전 세계적으로 2800여종의 고사리가 분포되어 있고(우리나라는 200여종), 이 중에서 우리가 식용으로 사용하는 것은 참고사리 종류이다. 우리나라에서는 오래 전부터 자생 고사리의 어린순을 채취하여 먹었다. 봄철에 연한 새싹을 수확해서 먹기도 하지만 대표적인 묵나물로서 말려두었다가 필요할 때 각종 식재료로 활용한다.

고사리는 '산에서 나는 쇠고기'로 불릴 만큼 단백질이 풍부하고 카로틴과 비타민 B1, B2, 엽산, 소량의 비타민 C를 함유하고 있어 면역기능을 증가시키며 콜레스테롤 감소와 동맥경화 예방에도 효능이 있다. 아미노산류인 아스파라긴과 글루타민산, 플라보노이드의 일종인 아스트라갈린 등을 함유하여 신진대사를 원활하게 하고 몸속 노폐물의 배출을 도와준다. 무기질 중에서는 칼륨과 인이 특히 풍부하다.

[생고사리]

줄기가 너무 길지 않고 적당하며, 굵기가 통통한 것이 좋다

색이 선명한 녹색이면서 잎 부분에 살짝 갈색 솜털이 붙어 있는 것을 고른다.

잎이 크게 피지 않고 주먹처럼 감겨 있는 것이 어린순이라 먹을 때 부드럽다. 잎이 퍼진 것은 식감이 질기고 쓴맛이 돈다.

[건고사리]

색깔이 너무 어둡지 않고 이물질이 혼입되지 않은 것을 고른다.
잎이 벌어지지 않은 새순의 줄기를 삶아서 말린 것이 좋다.

❦ 손질 및 보관

데친 고사리

데쳐서 물에 불려야 쓴맛 제거
고사리는 생고사리나 건고사리나 데친 후 물에 불려야 아리고 쓴맛이 빠진다. 생고사리를 삶을 때는 깨끗이 씻은 후 끓는 물에 소금을 약간 넣고 줄기가 아래로 향하도록 삶아준다. 고사리가 골고루 익을 수 있도록 위아래로 저어준 후 충분히 익으면 불을 끄고 그대로 30분 정도 두었다가 찬물로 물을 갈아준 뒤 반나절 정도 담가주어 독성을 뺀다.
건고사리를 불릴 때는 한 시간 정도 불린 후 끓는 물에 삶고, 줄기를 만졌을 때 어느 정도 통통해지면 불을 끄고 그대로 2~3시간 둔다. 이후 물을 여러 번 갈아주며 잘 씻어 사용한다.

장기간 보관 시에는 말려서
보관할 때는 데친 고사리를 그릇에 담고 잠길 만큼 물을 부어 냉장 보관한다. 오래 보관해야 할 경우에는 데친 생고사리를 햇볕에 건조해 말린 후 햇볕이 들지 않고 건조한 곳에 보관한다.

충분히 삶아서 조리
고사리에는 비타민 B1을 파괴하는 아노이리라아제 효소가 있으나 열에 약하므로 충분히 삶아서 조리한다.

✱ 제주도 향토음식 고사릿국

고사리의 비타민 B1과 대파와 마늘의 알리신이 영양적 결함을 서로 보완하고 고사리의 비릿한 향도 없애준다.

✱ 말린 고사리 국산과 중국산 고르는 법

국산 건고사리	중국산 건고사리
• 줄기 아랫부분 단면이 불규칙하게 잘려 있다. • 먹을 때 줄기가 연하다. • 고사리밥이 많고 크기가 작으며 연한 흰색이다.	• 줄기 아랫부분이 칼로 잘라 단면이 매끈하다. • 먹을 때 식감이 질기다. • 고사리밥이 적고 크기가 크며 짙은 갈색이다.

Fischer's ragwort

곰취

겨울잠에서 깬 곰이 가장 먼저 먹는 채소

주요 영양성분
리글라리딘, 단백질, 칼슘, 칼륨, 철,
베타카로틴, 비타민 C

열량
32kcal | 100g

맛있는 시기
2~6월

보관
밀봉하여 냉장 보관 또는 신문지에 싸서
냉장고 신선실에 보관

우리나라에 자생하는 식물로 산나물 중 날것으로 먹을 수 있는 채소다. 한번 심으면 여러 해 동안 수확이 가능하며 주로 쌈, 무침, 절임, 묵나물 등으로 이용한다.
곰취는 단백질과 칼슘, 칼륨, 철 등의 무기질이 풍부하다. 특히 칼륨 성분이 많아 우리 몸에 쌓여 있는 유해한 염분을 배출시켜준다. 베타카로틴, 비타민 C도 풍부하여 항산화, 항암효과가 있고 식이섬유소도 많아 장운동을 좋게 한다. 또 열량이 낮아 체질관리에도 좋다. 곰취의 주성분인 리글라리딘은 항돌연변이성과 유전독성을 억제하고, 혈청 저밀도 지방단백질 산화의 항산화 효과가 있다.

크기가 크고 부드럽고 연한 녹색을 띠며 시든 부분이 없는 것을 고른다.

잎의 생김새가 전반적으로 고르고 특유의 향이 퍼지는 것이 좋다.

❦ 손질 및 보관

물에 씻어 불순물을 제거한 후 물기를 털어 말리고 사용한다.
보관 시에는 비닐 팩에 넣어 밀봉한 후 냉장고에 넣어두거나 신문지에 싸서 냉장고 신선실에 보관한다.

✻ 곰발바닥을 닮았다?!

곰이 사는 깊은 산에 나는 취나물이라 하여 곰취라고 부르는 이 채소는 지방에 따라 곰발바닥을 닮았다고 하여 '웅소'라고도 하며, 유사 식물인 '곤달비'로 부르기도 한다.

❦ 잎 나이에 따라 먹는 방법이 달라

어린잎을 따서 쌈, 무침, 나물 등으로 무치거나 튀겨 먹는다. 잎이 조금 억세어지면 끓는 물에 살짝 데치거나 쪄서 쌈을 싸먹거나 초고추장을 찍어 먹는다. 억세진 곰취 잎으로 장아찌를 담가 먹기도 한다.

✻ 동의나물과 혼동하지 않도록 주의!

곰취와 독초인 동의나물은 그 형태가 비슷해 헷갈리기 쉬우니 주의하자. 향이 좋으면서 잎맥이 뚜렷하고 잎 끝이 뾰족한 것이 곰취, 향이 없고 잎 끝이 둥그스름하고 무딘 형태를 하고 있는 것이 동의나물이다.

Shepherd's purse

냉이

봄내음 가득한 천연 비타민

주요 영양성분
단백질, 비타민 A, B1, B2, C, 칼슘, 칼륨, 인, 철, 콜린

열량
41kcal | 100g

맛있는 시기
12~4월

보관
키친타월로 감싸 비닐 팩에 담아 냉장 보관. 장기 보관 시 데친 것을 썰어 밀봉한 후 냉동 보관.

오래 전부터 야생의 것을 채취하여 먹었다. 춘궁기가 있던 시절 배를 채워주던 중요한 봄채소이다. 냉이는 단백질과 비타민 A, B1, B2, C를 비롯해 칼슘, 칼륨, 인, 철 등의 무기질 성분이 풍부하다. 단백질과 비타민, 무기질은 원기를 돋우고 봄철 춘곤증 및 피로 회복에 도움을 준다. 잎에는 베타카로틴이 다량 함유되어 있어 건조한 날씨나 황사로 인한 눈의 피로와 거칠어진 피부 개선에 효과적이다. 뿌리에는 알싸한 향의 콜린 성분이 들어 있어 간경화, 간염 등 간 질환 예방에 좋다. 또한, 칼슘과 철분은 혈압을 안정시키는 효과가 있다.

이물질이 섞이지 않고 꽃대가 올라오지 않은 연한 것이 싱싱하다.

냉이는 잎의 길이가 짧고 진녹색을 띠며 뿌리가 짧고 어리고 곧으며 잡티가 없는 것이 좋다.

❦ 손질 및 보관

냉이는 시든 잎을 떼어내고 흐르는 물에 잘 씻어 흙을 제거한 뒤 냉이의 잔뿌리, 잎과 뿌리 사이를 칼로 살살 긁어낸다. 30분 정도 물에 담가두었다가 씻으면 흙이 가라앉아 손질하기 수월해진다. 손질해서 보관해도 쉽게 잎이 상하거나 물러지고 향도 날아가기 때문에 즉시 요리해 먹는 것을 추천한다.

흙이 묻은 상태에서 키친타월로 잘 감싸 비닐 팩에 담아 냉장 보관한다. 조금 더 오래 보관하려면 데친 것을 썰어 밀봉한 후 냉동 보관한다.

❦ 향을 느끼고 싶다면 무침보다는 국으로

냉이는 오래 끓일수록 향이 진하게 우러나오기 때문에 향을 즐기려면 생으로 무쳐 먹기보다는 국으로 먹는 것이 좋다. 냉이의 무기질 성분은 끓여도 잘 파괴되지 않고 소화를 잘 되게 하여 속을 편안하게 한다. 지용성인 베타카로틴의 흡수를 도우려면 튀김, 볶음 등의 조리법이 좋다.

Lance asia bell

더덕

신선한 향으로 기분까지 UP!

주요 영양성분
사포닌, 이눌린, 페놀, 플라보노이드, 칼륨, 철분, 칼슘, 인, 비타민 B2, C

열량
89kcal | 100g

맛있는 시기
10~3월

보관
키친타월로 감싸 비닐 팩에 담아 냉장 보관. 장기 보관 시 데친 것을 썰어 밀봉한 후 냉동 보관.

전국 산지 숲속에서 자라는 더덕은 《해동역사》에 따르면 고려시대부터 나물로 이용했다. 다년생 식물로 주로 파종 후 2~3년 후에 수확하며 뿌리뿐만 아니라 어린잎도 먹는다.
칼륨, 철분, 칼슘, 인 등의 무기질과 비타민 B2, C가 풍부하다. 다량의 사포닌이 함유되어 있어 더덕의 진액과 쓴맛을 내며 혈액순환과 원기회복, 가래 해소에 도움을 준다. 더덕의 주된 성분 중 하나인 이눌린은 천연 인슐린으로 혈당 조절을 돕는다. 더덕 잎에는 페놀류, 플라보노이드 등의 항산화 성분이 함유되어 있어 노화방지 및 암 예방에 효과가 있다.

껍질이 억세고 주름이 많은 것이 좋다

껍질을 벗겼을 때 속살이 하얗고 실뿌리가 적으며 표면에 상처가 짓무름 현상이 없는 것이 좋다. 몸체가 쭐먹하지 않고 향이 진한 것을 고른다.

뿌리가 굵고 쭉 뻗어 있으며 표면 주름이 깊지 않고 잔가지가 많지 않은 것을 고른다.

※중국산 더덕은 머리 부분이 2~3cm로 길며 주름이 많고 골이 깊으므로 구별하여 구매한다

❦ 손질 및 보관

흙을 깨끗이 씻어낸 후 세로로 길게 칼집을 내어 돌려 깎으며 겉껍질을 벗겨낸다. 껍질째 불에 살짝 구우면 쉽게 벗길 수 있다. 껍질을 벗기고 소금물에 살짝 담갔다 꺼내면 쓴맛은 줄어들고 물에 녹는 성질이 있는 사포닌 성분은 보호할 수 있다. 더덕은 섬유질이 질긴 특성이 있으므로 밀대로 두드리거나 밀면 섬유질이 연해져 부드럽게 섭취할 수 있다.

10℃ 전후 온도가 최적

더덕을 보관할 때는 얼지 않도록 주의한다. 10℃ 전후 온도가 가장 좋으며 젖은 신문지에 싸서 냉장고 채소 칸에 넣어두면 마르지 않게 보관할 수 있다. 더덕의 껍질을 제거한 후에는 최대한 빨리 섭취하고, 남은 것은 밀대로 잘 밀어서 납작하게 만든 다음 햇볕이 드는 곳에서 2~3일 정도 말리고, 그늘에서 일주일 정도 더 말린 후 신문지에 감싸 비닐팩에 넣고 냉장실이나 냉동실에 둔다.

용도에 따라 손질 방법을 달리

더덕은 삼(蔘)류 특유의 쌉쌀한 맛이 특징이다. 흰색 속살을 지녔으며 섬유질이 풍부해 갈랐을 때 결대로 찢어지는 특성이 있다. 더덕은 구이나 무침, 생채, 정과, 장아찌 등 그 쓰임새가 많은 나물로, 용도에 따라 손질을 달리한다.

구이용   두드려 납작하게 펴서 사용한다.
볶음 및 무침용   두드려 펴거나 채썰기한다.
장아찌용   편썰기한다.

❦ 더 맛있게 먹는 방법

고기의 산성 성분을 중화

더덕은 알칼리성 식품으로 고기와 함께 섭취하면 고기의 산성 성분이 중화되고, 더덕의 부족한 단백질과 지방성분을 보완해줄 수 있다. 고추장은 더덕의 쓴맛을 완화해주어 먹기 좋게 해준다.

어린잎은 나물로

더덕은 뿌리뿐 아니라 잎도 먹는다. 어린잎은 삶아서 나물로 만들어 먹거나 쌈으로 먹는다. 뿌리는 장아찌, 생채, 구이, 정과, 술 등 다양한 용도로 활용된다. 함께 갈아먹으면 건강 유지에 좋다.

Balloon-flower

도라지

계절 상관없이 내어주는 텃밭의 터줏대감

주요 영양성분
사포닌, 이눌린, 피토스테롤, 당분, 섬유질, 칼슘, 철, 비타민 B2, C, E

열량
56kcal | 100g

맛있는 시기
10~3월

보관
통도라지: 종이에 싸서 서늘한 곳에 보관, 또는 햇볕에 말린 뒤 냉동 보관.
깐도라지: 물에 담아 냉장 보관하거나 물기를 제거하고 비닐 팩에 넣어 냉동 보관.

우리나라 전역에서 자생하며 예로부터 텃밭이나 정원에 심어 나물이나 한약재로 애용하였다. 고사리와 함께 제사상에 빠지지 않는 나물 중 하나이다. 흙에서 캐낸 통도라지와 가늘게 다듬어서 찢어놓은 깐도라지의 형태로 유통된다.

도라지는 당분과 섬유질, 칼슘과 철분 등의 무기질과 비타민(B2, C, E)이 풍부하다. 도라지 뿌리에는 사포닌과 글루코오스, 이눌린, 피토스테롤 등이 함유되어 있다. 그중 도라지의 쓴맛을 내는 주요 성분은 사포닌으로, 기침과 가래, 염증을 삭혀주어 기관지 및 호흡기 건강에 도움을 준다. 이눌린 성분이 있어 혈당 조절을 도우며 목이 붓고 염증이 생기는 증상을 완화한다. 피토스테롤 성분은 콜레스테롤 수치를 낮추고 면역력을 강화한다.

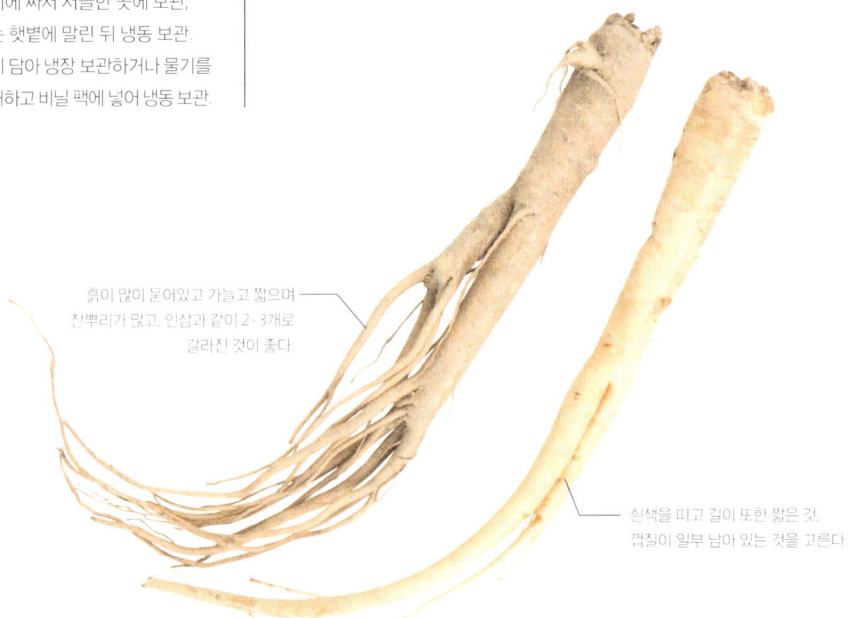

흙이 많이 묻어있고 가늘고 짧으며 잔뿌리가 많고, 인삼과 같이 2-3개로 갈라진 것이 좋다.

흰색을 띠고 길이 또한 짧은 것, 껍질이 일부 남아 있는 것을 고른다

※수입 도라지는 원뿌리가 하나로 길며 잔뿌리가 거의 없고, 수확 후 물로 씻어 흙이 거의 없어 변질될 가능성이 높다. 수입 깐도라지 역시 길이와 크기가 일정하지 않고, 껍질이 잘 벗겨져 깨끗하며, 많이 휘어져 있고 약간 노란색을 띤다.

❦ 손질 및 보관

잔뿌리를 잘 다듬어 떼어내고 표피는 칼로 긁어서 벗겨낸 후에 물로 깨끗이 씻는다. 껍질을 벗기고 찢어서 손질한 도라지는 소금에 주물러서 쓴맛을 빼주고 찬물에 담아두어 아린 맛을 우려낸 후 사용한다.

말린 도라지는 냉동 보관한다
통도라지는 종이에 싸서 서늘하게 보관하거나 껍질을 벗기고 햇볕에 말린 뒤 냉동 보관한다. 깐도라지는 껍질을 벗긴 상태로 보관하면 색이 변하므로 물에 담아 냉장고에 넣어두거나 물기를 털고 수분이 조금 남은 상태로 비닐 팩에 넣어 냉동 보관한다.

❦ 어린 도라지를 나물로

특유의 향과 쌉쌀한 맛이 특징인 도라지는 주로 생으로 먹거나 나물로 활용한다. 나물로 쓰는 도라지는 주로 1~3년 근을 사용하며, 3년 이상 자란 도라지는 쓴맛이 강하고 각종 유익한 성분의 함량이 높아 '약도라지'라고 부르며 주로 차와 약용으로 쓰인다.

Recipe

도라지덮밥

🌰 Ingredients

도라지 150g
굵은 소금 적당량
참기름 1T
들기름 1T

◇ 조림물
물 150ml
설탕 2T
물엿 1T
간장 5T
청주 4T
녹말물(농도조절)

🍚 How to

1. 도라지 손질 후 한입에 들어갈 크기로 썰어 소금으로 주물러 찬물에 헹군 후 물에 담궈 쓴맛을 뺀다.
2. 팬에 참기름, 들기름 두른 후 중약불에 도라지를 볶는다.
3. 2에 조림물을 넣고 조린 후 녹말물을 넣어 농도 조절 후 밥위에 얹어준다.

• 조림물에 물 대신 육수를 사용하면 풍미가 좋아진다.

✱ 꽃 색깔에 따라 구분

도라지는 꽃 색깔에 따라 백도라지와 청도라지로 구분한다. 청도라지를 원종, 백도라지를 변종으로 보고 있다.

Angelica tree

두릅

나른한 봄날 입맛을 살리는 별미

주요 영양성분
사포닌, 비타민 A, B1, B2, C, 칼슘, 철

열량
33kcal | 100g

맛있는 시기
2~5월

보관
생 두릅은 신문지에 싸서 냉장 보관하고, 장기 보관 시에는 데친 후 밀봉하여 냉동 보관.

특유의 맛과 향이 뛰어난 고급 산채로, 약간은 떫고 쌉쌀한 맛이 입맛을 돋우어 준다. 단백질 함량이 많고 칼슘, 철분 등의 무기질과 비타민 A, B1, B2, C 등이 골고루 함유되어 있다. 두릅에 함유된 사포닌과 배당체(글리코시드) 성분은 당의 흡수를 막아주어 혈당을 낮추어 당뇨질환에 도움이 되며 혈중 지질개선 및 면역력 증진을 돕는다. 두릅의 독특한 향의 정유 성분은 신경안정, 집중력 향상 및 숙면에 도움을 준다.

새순 부분과 나무껍질이 붙어있는 부분의 길이가 비슷하고 나무껍질이 지나치게 마르지 않은 것이 좋다.

푸릇한 초록색에 향이 진하고 12cm 정도의 길이에 잎이 피지 않은 것이 신선하고 부드럽다.

🌿 품종

참두릅
두릅나무에 달리는 새순. 나무두릅이라고도 부른다.

땅두릅
4~5월경 새순을 땅을 파 잘라낸 것으로 뿌리를 가리켜 '독활'이라고 한다.

개두릅
음나무의 새순으로, 쌉쌀한 맛에 향이 강하고 약효가 좋다.

🌿 손질 및 보관

밑동의 나무껍질과 가시들을 제거
두릅 밑동을 감싸고 있는 나무껍질 부분을 칼로 깔끔히 잘라준 후 억센 가시들은 칼등으로 제거한다. 손질된 두릅은 깨끗한 물에 여러 번 씻어 순 사이에 끼어있는 이물질을 제거한다.

두꺼운 줄기는 십자로 칼집을 내서
두릅을 데칠 때는 끓는 물에 굵은 소금 1큰술을 넣고 손질한 두릅을 줄기 부분부터 넣는다. 이때 두꺼운 것은 십자로 칼집을 내어 넣는다. 끓는 물에 약 1분 정도 살짝 데친 후 흐르는 찬물에 헹구고 물기를 꼭 짜서 사용한다.

두릅 보관하기
다듬지 않은 생 두릅은 신문지에 싸서 냉장고에 보관한다. 시간이 지나면 딱딱해지고 맛이 떨어지기 때문에 바로 먹는 것이 좋다. 장기간 보관 시에는 데친 후 밀봉하여 냉동실에 보관한다.

✳ 나무의 어린잎

우리가 흔히 알고 있는 두릅은 참두릅나무의 어린잎이다. 높이는 5미터 정도이며 줄기에 가시가 있고 잎은 어긋나서 자란다. 나무껍질과 뿌리는 약용으로 쓰인다. 이에 반해 땅두릅은 나무가 아닌 다년생 초본식물로 '땃두릅' 또는 '풀두릅'이라고도 한다. 몸에 짤막한 털이 나 있고 맛은 쌉쌀하고 씹히는 느낌이 강하다.

🌿 두릅 숙회와 두릅적

봄철 별미인 두릅은 주로 살짝 데쳐 숙회로 먹거나 소금이나 장에 절인 장아찌를 담가 먹는다. 쇠고기와 함께 꼬치에 끼워 지져낸 두릅적이나 두릅전은 단백질과 함께 두릅에 함유된 다양한 비타민과 무기질을 함께 섭취할 수 있어 좋다.

Coastal hogfennel

방풍

풍을 예방하는 천연 약재

주요 영양성분
비타민 B군, 베타카로틴, 칼륨, 칼슘, 인, 철, 식이섬유

열량
41kcal | 100g

맛있는 시기
2~5월

보관
물에 적힌 키친타월이나 신문지로 감싸 비닐 팩에 넣어 냉장 보관.

풍을 예방한다고 하여 '방풍'이라 이름 붙여진 이 산나물은 예전에는 주로 약용식물로 사용했으나 현재는 특유의 쌉쌀한 맛을 살린 식재료로 널리 이용된다.

방풍은 비타민 B군과 베타카로틴, 칼륨, 칼슘, 인, 철분 등의 무기질이 다량 함유하고 있다. 단백질과 식이섬유 또한 풍부하며, 유기산과 임페라토린, 프소랄렌, 베르갑텐 등의 정유 성분도 들어있다. 뿌리에 함유된 쿠마린, 퓨세다놀, 움벨리페론 등의 정유 성분은 항균작용을 하며, 염증 억제 효과가 있다. 또한 신경성 스트레스를 완화해주어 불면증에 도움을 주고 황사 등 미세먼지와 중금속 배출을 돕고 해독작용을 한다. 근육통에도 효과적이다.

어린 새순이 부드럽고, 너무 자란 것은 억세기 때문에 크기가 너무 크지 않은 것이 좋다.

연한 녹색을 띠고 잎이 신선하며, 줄기가 길지 않고, 향이 좋은 것을 고른다.

❦ 손질 및 보관

흐르는 물에 깨끗이 씻고 굵은 줄기는 떼어낸다. 끓는 소금물에 살짝 데친 후 물기를 꼭 짜서 이용한다.

물에 적신 키친타월로 감싸 보관
보관 시에는 물에 적신 키친타월이나 신문지로 감싼 후 비닐 팩에 넣어 냉장 보관한다. 오래 보관할 때는 삶은 뒤 물기를 꼭 짜서 냉동 보관한다.

❦ 쌈 채소나 나물로 이용

방풍 잎은 당귀와 미나리를 더한 향이 특징으로, 생으로 쌈 채소나 생채 무침으로 활용하거나 잎과 줄기를 데쳐 나물로 무치거나 볶아 먹는다. 그 외에도 각종 죽이나 전, 튀김, 장아찌로도 먹으며 케이크나 식빵, 소스, 파스타, 피자 등에 활용할 수 있다.

❦ 뿌리는 한약재로

방풍의 뿌리는 발한, 해열, 진통, 이뇨, 항바이러스 등의 약리작용을 한다고 하여 한약재로 쓰인다.

Amaranth

비름

여름 내내 부담 없이 즐기는 맛

주요 영양성분
베타카로틴, 사포닌, 비타민 B군, 비타민 C, 리그닌, 칼슘, 철, 마그네슘, 인, 유기산

열량
23kcal | 100g

맛있는 시기
4~10월

보관
수분이 날아가지 않도록 비닐봉지에 밀봉하여 냉장 보관.

여름철 더위로 지친 몸에 영양과 활력을 주며 체력을 증진시키는 비름은 장수나물로도 불린다. 칼슘, 철, 마그네슘, 인 등의 무기질과 비타민 B군, C가 풍부하다. 비름에 함유되어 있는 유기산은 피부에 발생하는 질환을 완화시키고 위장이 좋지 못한 사람의 식이요법에 도움을 준다. 또 리그닌 성분과 사포닌, 베타카로틴이 들어있어 항암효과가 있다. 한편, 비름나물 잎에는 수은이 0.07ppm 정도 들어있는데 이는 살균 및 살충효과가 있다. 우리나라에는 참비름을 비롯해 5종이 자생한다.

가급적 줄기에 꽃술이 적고 꽃대가 없으며 줄기가 길지 않은 것을 고른다. 손으로 꺾었을 때 줄기가 꺾이면 굵은 것도 모두 먹을 수 있다.

잎이 신선하고 향이 좋으며 연녹색을 띤 것이 좋다.

❦ 손질 및 보관

흙은 털어내고 흐르는 물에 씻어서 사용한다. 단단한 줄기 끝부분은 잘라내고, 연한 부분만 다듬어서 끓는 물에 소금을 넣고 데치고 찬물에 헹구어 물기를 꼭 짜서 사용한다. 되도록 구입 후 빠른 시일 내에 사용하고 보관 시에는 수분이 날아가지 않도록 비닐봉지에 밀봉하여 냉장 보관한다.

❦ 잃어버린 입맛을 깨우는 비름나물무침

갖은 양념으로 부쳐낸 비름나물은 더위에 지쳐 잃어버린 입맛을 다시 되살려준다. 그 외에도 비름된장국, 비름비빔밥, 비름녹즙으로 활용하며, 죽에 비름을 넣어 먹으면 체내의 세균이 소독되는 효과가 있다.

Alpine leek

산마늘(명이나물)

눈이 녹기 전 싹을 내미는 강인함

주요 영양성분
일리신, 비타민 A, B, C, E, 칼슘, 칼륨, 철

열량
36kcal | 100g

맛있는 시기
3~5월

보관
랩에 싸서 냉장 보관하거나 삶아서 물기 제거 후 냉동 보관.

식물 전체에서 마늘 냄새가 나는 산나물이다. 주로 장아찌로 담가 먹는 이 채소는 '명이나물'로 더 잘 알려져 있는데, 울릉도에서 춘궁기에 목숨을 이어준다 하여 붙여진 이름이다. 주로 잎과 줄기를 먹는다. 비타민 A, B, C, E와 칼슘, 칼륨, 철 등의 무기질이 풍부하며, 마늘과 마찬가지로 항암작용을 한다. 스트레스와 만성피로 해소, 자양강장 효과도 있다. 아미노산의 일종인 알리신은 비타민 B1을 활성화하고 항균작용을 하며 콜레스테롤을 낮춰준다. 비타민 A와 E가 다량 함유되어 로돕신이라는 단백질의 형성을 도와 시력 저하나 야맹증 증상을 완화하고 피부 미용에도 도움을 준다.

대부분은 장아찌로 유통
산마늘은 수확 후 하루만 지나도 금방 시들어서 산지를 제외하고는 대부분 가공처리를 통해 명이나물 장아찌로 유통된다.

국산 명이나물 장아찌 구별법
국산(울릉도산)은 잎이 넓고 둥글며 두껍고, 색깔도 파릇하다. 중국산은 잎에 힘이 없고 길쭉한 모양새에 상처가 많다. 또 오래 보관하기 위해 염분을 많이 첨가해 염도가 높고, 색이 녹색보다는 갈색을 띤다.

잎은 수분감이 있고 짙은 녹색인 것을 고른다.

❦ 손질 및 보관

산마늘은 잎 사이사이에 흙과 불순물이 끼어있기 때문에 흐르는 깨끗한 물에 여러 번 씻고, 줄기의 끝부분은 제거한다. 보관 시에는 랩에 싸서 냉장고에 넣어둔다. 상온에서 하루만 지나도 잎이 시들기 때문에 최대한 빨리 섭취하는 것이 좋다. 삶아서 물기를 꼭 짠 뒤 냉동 보관하거나 장아찌를 담가두면 오랫동안 보관할 수 있다.

❦ 육류와 찰떡궁합

삼겹살집에 가면 종종 보는 명이나물 장아찌. 산마늘은 섬유질이 많아 장운동을 돕고, 알리신 성분이 있어 비타민 B1이 풍부한 육류, 특히 돼지고기와 궁합이 잘 맞는다. 그 외에도 튀김, 초무침, 샐러드 등 다양한 요리에 이용된다. 유럽에서는 잼으로, 일본에서는 장아찌, 환, 술 등의 재료로 활용한다.

✽ 산지에 따라 잎 모양이 달라

산마늘은 재배지에 따라 잎 모양이 다르다. 울릉도산은 잎이 넓고 둥글고, 강원도산은 잎이 길고 좁다.

Fulvous daylily

원추리

아름다움 속에 날카로움을 품은 식물

주요 영양성분
베타카로틴, 비타민 B2, C, E, 칼슘, 철분, 인, 아스파라긴(뿌리), 콜히친(뿌리)

열량
35kcal | 100g

맛있는 시기
4~5월

보관
신문지나 키친타월로 감싸 밀봉하여 냉장 보관.

봄철에 돋아나는 어린 싹을 나물로 먹는다. 예로부터 꽃이 아름다워 근심을 잊게 한다고 해서 '망우초'라 불리기도 했는데, 꽃 역시 식용으로 쓰인다.

원추리는 칼슘, 철분, 인 등의 무기질과 베타카로틴, 비타민 B2, C, E 등이 풍부하여 나른한 봄날 춘곤증을 예방한다. 한방에서는 정서 불안과 우울증에, 소변이 잘 나오지 않을 때 이뇨제로 사용했다. 뿌리에는 아스파라긴, 콜히친 등이 들어있으며 꽃에는 비타민 A, B, C 가 풍부하다.

짙은 조록색을 띠며 싱싱하고 벌레 먹거나 시든 잎이 없는 것을 고른다.

❦ 손질 및 보관

깨끗이 다듬어 흐르는 물에 충분히 씻은 후 끓는 물에 소금을 약간 넣고 살짝 데친다. 이후 찬물에 헹구어 물기를 꼭 짜고 먹기 좋은 길이로 잘라 사용한다. 보관할 때는 흙을 털어 제거한 후 신문지나 키친타월로 감싸 비닐이나 밀폐용기에 담아 냉장 보관한다.

✱ 독성이 있으니 주의!

원추리는 독성이 있어 잘못 먹으면 식중독을 일으킬 수 있기 때문에 조리할 때는 반드시 깨끗이 손질한 후 한번 삶아내야 안전하게 먹을 수 있다.

✱ 꽃봉오리도 먹는다

원추리는 주로 봄철에 돋아나는 어린 싹을 나물로 먹는데, 어린 싹뿐만 아니라 꽃도 식용한다. 여름철 꽃봉오리로 찜, 무침, 조림, 전, 튀김 등을 만들어 먹거나 말린꽃을 따서 차로 마신다.

Bamboo sprout

죽순

지구상에서 가장 빨리 자라는 식물

주요 영양성분
티로신, 베타인, 콜린, 아스파라긴,
비타민 B1, B2, 칼륨, 식이섬유

열량
24kcal | 100g (생것)
19kcal | 100g (삶은 것)

맛있는 시기
3~5월

보관
생 죽순은 랩으로 밀봉하여 서늘한 곳에 보관, 또는 삶아서 냉장 보관.

대나무의 어린 순을 이용하는 것으로, 아삭한 식감과 70여 가지나 되는 특유의 향이 인상적인 채소다. 주로 익혀서 나물로 이용하며 통조림용으로 가공하기도 한다.
죽순은 단백질의 함량이 높고 칼륨과 비타민 B1, B2가 풍부하게 들어있어 피로한 몸을 회복시키고 원기를 향상시킨다. 단백질 중 티로신, 베타인, 콜린, 아스파라긴이 감칠맛을 내고, 식이섬유의 함량이 높아 장 기능에 도움을 주고 열량이 낮아 다이어트에도 좋다. 죽순에 들어있는 칼륨은 염분 배출을 도와주므로 혈압이 높은 사람에게 특히 좋다.

녹색을 띠는 것이 좋다. 죽순 껍질은 짙은 녹색에서 점차 어두운 갈색으로 변하는데, 녹색을 띠는 것이 수확한 지 오래되지 않은 것이다.

삶은 죽순은 속살이 뽀얗고 만졌을 때 조직이 부드러운 것이 좋다.

껍질이 단단하게 붙어있는 것이 신선하다.

촉촉하게 수분기가 있고, 변색되지 않고 하얀 것이 신선하다.

❦ 손질 및 보관

반을 갈라 껍질을 제거

밑동을 자르고 세로로 반을 가른 후 껍질을 제거한다. 이후 끓는 쌀뜨물에 생 죽순을 40분 정도 삶은 뒤 불을 끄고 그대로 식혀 사용한다. 통조림 죽순의 경우, 하얀색 앙금을 흐르는 물에 깨끗이 제거한 후 끓는 물에 살짝 데치고 찬물에 20분 정도 담가두었다가 물기를 제거하고 사용하면 떫은맛을 제거할 수 있다.

반드시 위생장갑을 끼고 손질

죽순의 껍질에는 잔털이 많은데, 알레르기를 유발할 수 있으므로 위생장갑을 착용하고 손질한다.

오래 보관하면 질겨진다

죽순은 수확 후에도 계속해서 성장하고 장기간 보관하면 조직이 섬유질로 변형되어 많이 질겨지므로 최대한 빨리 섭취한다. 생 죽순은 랩으로 잘 밀봉하여 서늘한 공간에 보관하거나 삶은 후 냉장 보관하는 것이 좋다. 또는 쌀뜨물에 죽순을 삶아 삶은 물과 함께 냉장 보관한다. 더 오래 보관하려면 잘게 썬 죽순을 비닐 팩이나 밀폐용기에 펼쳐 넣고 죽순이 절반 정도 잠길 수 있도록 물을 넣은 뒤 냉동 보관한다.

✱ 아미노산 손실을 최소화하려면

수확 후 가능한 빨리 삶아 죽순에 함유된 당류와 아미노산의 손실을 막아주는 것이 중요하다.

❦ 다양한 요리에 활용

죽순은 죽순나물볶음, 조림, 장아찌, 죽순밥, 죽순채, 죽순탕, 죽순정과 등 다양한 요리로 활용된다. 죽순 안쪽 껍질은 국물요리에 사용하고, 가운데 부드러운 부분은 죽순밥에, 밑의 단단한 부분은 조림 등에 사용하면 좋다.

✱ 하얀 앙금은 인체에 무해

통조림 같은 죽순 가공품에는 죽순을 삶은 과정에서 티로신 등의 아미노산이 결정을 이룬 하얀 앙금이 있는 경우를 볼 수 있는데, 이는 인체에 무해하고 흐르는 물에 씻어내면 쉽게 사라진다.

Spurio pimpinella

참나물

사는 곳이 까다로운 귀족 산나물

주요 영양성분
베타카로틴, 비타민 A, B2, C, 칼륨, 칼슘, 인, 아미노산, 유리당

열량
20kcal | 100g (재배)
39kcal | 100g (야생)

맛있는 시기
4~5월

보관
신문지나 키친타월로 싸고 분무기로 물을 뿌려주어 냉장 보관. 장기간 보관 시 말려서 묵은 나물로 보관한다.

예로부터 맛과 향이 뛰어나 즐겨 먹던 나물채소로, 이른 봄 어린순을 채취하여 생채로 먹거나 무침이나 김치 등으로 다양하게 이용한다. 전국 산지 숲속이나 계곡의 반음지에서 무리지어 자라며, 줄기색은 녹색, 붉은색, 부분적인 붉은색으로 다양하다. 잎 모양도 조금씩 다르다.
참나물은 체내 신진대사와 생리활성을 증진시키는 유리당, 필수아미노산 및 필수지방산을 비롯해 비타민 A, B2, C와 칼륨, 칼슘, 인 등의 무기질을 다량 함유하고 있다. 특히 베타카로틴의 함유량이 많아 눈 건강에 도움을 주고, 페닐알라닌, 발린, 아르기닌, 아스파르트산 등의 아미노산이 풍부해 뇌의 활동을 활성화해 치매 예방에도 도움을 준다. 잎이 부드럽고 소화가 잘되며 섬유질이 많아 변비예방에도 좋다.

잎이 가늘면서 밝은 연녹색이며 시든 부분 없이 싱싱한 것을 고른다

특유의 향이 진한 것이 좋다

말린 참나물은 이물질이 들어가지 않고 특유의 향이 잘 살아있는 것을 고른다.

❧ 손질 및 보관

질긴 줄기나 시든 부분은 제거하고 흐르는 물에 겉에 묻은 흙과 이물질을 씻어낸 후 끓는 물에 소금을 넣고 데친다. 데칠 때는 질긴 줄기 부분을 세워서 먼저 넣고 약 10~15초가 지나면 잎 부분을 마저 넣고 데친다. 데친 후 바로 찬물에 헹구어 엽록소가 빠져나오지 않도록 한다.

오래 보관할 때는 말려서

참나물을 보관할 때는 신문지나 키친타월로 싸서 분무기로 물을 뿌려준 뒤 냉장고 신선실에 넣어 보관한다. 오래 두고 먹을 때에는 데친 참나물을 말려 묵은 나물로 보관한다.

❧ 물김치와 어우러지는 향

참나물은 겉절이, 쌈, 샐러드 등 주로 생식으로 먹는다. 물론 데쳐서 나물로 무쳐 먹어도 좋고 국에 넣어도 좋은 맛을 낸다. 무엇보다 자연산으로 줄기가 붉은빛을 띠는 참나물은 빛깔이 불그스레하게 우러나와 물김치를 담갔을 때 향미가 어우러진다. 또 생즙을 내어 먹으면 간 기능이 강화되고 눈이 맑아져 시력 향상에 도움을 준다.

King oyster mushroom

큰느타리(새송이)

결을 따라 찢어지는 쫄깃한 식감

주요 영양성분
단백질, 칼륨, 인, 비타민 B2, 니아신,
식이섬유, 티로시나아제, 엽산, 베타글루칸

열량
20kcal | 100g

맛있는 시기
연중

보관
씻지 않은 채로 신문지나 키친타월에 싸서
밀봉한 후 냉장 보관.

떡갈나무와 벚나무의 그루터기에서 자생한다. 유럽이 원산지이며 아프리카, 중앙아시아에도 분포하지만 동아시아에서는 자생하지 않는다. 우리나라는 1995년 일본에서 균주를 도입해 경남지역을 중심으로 재배가 확산되었고, 2000년대에 국산품종이 개발되었다. 보통 '새송이'로 불리고 있으나 공식 명칭은 큰느타리버섯이다.

큰느타리버섯은 단백질, 칼륨, 인, 비타민 B2, 니아신, 식이섬유가 풍부하다. 칼로리가 낮고 수분과 섬유소가 풍부해 포만감을 높여 다이어트에 도움을 주고, 장 활동을 활발하게 만들어 장 건강에도 좋다. 비타민 B2, 티로시나아제, 엽산 등은 고혈압 예방 및 빈혈에 좋고 베타글루칸이 이 포함되어 면역 세포를 활성화시켜 면역력을 강화한다.

- 갓의 끝이 안쪽으로 살짝 말려있는 것이 좋다.
- 갓과 줄기의 구분이 확실하고 육질이 부드럽고 단단하며 탄력이 있는 것을 고른다.
- 줄기가 길고 굵으며 아래로 갈수록 통통하고 고유의 향이 뛰어난 것이 좋다.

❦ 손질 및 보관

버섯에 묻은 흙과 이물질을 닦아낸 후 사용한다. 물에 씻어 공기 중에 보관하면 곧 색이 변하고 마르므로 포장된 채로 냉장보관하거나 씻지 않은 상태에서 신문지나 키친타월로 싼 후 공기가 통하지 않도록 비닐이나 밀폐용기에 넣어 냉장 보관한다. 먹기 좋은 크기로 썰어 냉동 보관하거나 말려서 건조하여 보관하면 보다 오래 두고 먹을 수 있다.

✱ 고기 못지않은 질감

큰느타리버섯은 구이나 전, 찌개 등 각종 요리에 넣어 사용한다. 특히 소고기와 궁합이 좋은데, 큰느타리에 있는 식이섬유가 소고기 섭취로 인한 콜레스테롤 수치를 떨어뜨려주기 때문이다. 큰느타리버섯 자체만 들기름에 구워 먹어도 고기 못지않은 질감을 맛볼 수 있다.

Oyster mushroom

느타리

홀로 돋보이진 않아도 다른 요리와 어울림이 좋은 버섯

주요 영양성분
비타민 B1, B2, D2, 엽산, 레티오닌, 식이섬유

열량
15kcal | 100g

맛있는 시기
연중

보관
단기 보관 시에는 랩이나 비닐봉지에 싸서 냉장 보관. 장기간 보관할 때는 살짝 데친 후에 소분하여 냉동 보관.

자연 상태에서는 가을철 미루나무 같은 활엽수의 그루터기나 죽은 나무에서 자생한다. 1980년대부터 우리나라에서 가장 많이 생산되고 소비되는 버섯이다. 생육온도에 따라 저온성, 중온성, 고온성 품종이 있으며 색깔도 백색, 회색, 회갈색 등 다양하다.
느타리버섯은 비타민 B1, B2, D2, 엽산 등을 함유하고 있다. 레티오닌 성분이 들어있어 독특한 향기를 풍기며, 식이섬유 또한 많아 포만감을 주어 다이어트에 도움이 된다. 비타민 D2의 모체인 에르고스테롤 성분이 풍부하여 콜레스테롤 수치를 낮추어 고혈압, 동맥경화 등의 성인병 예방에 도움을 준다.

- 느타리버섯은 다발성이어서 덩어리로 판매되는 것이 싱싱한 것이다. 덩어리가 쪼개지거나 갈라진 것은 오래 된 것이니 피한다.
- 갓 뒷면의 빗살무늬가 뭉그러지지 않고 선명하며 두께가 도톰한 것이 좋다.
- 진한 회색에서 커질수록 연한 회색을 띠며 몸통의 길이보다 두께가 도톰한 것이 쫄깃한 맛이 살아있다.

갓이 매끈하고 표면에 약간 회색빛이 도는 것을 고른다.

✽ **닭고기와 식감이 비슷해**

느타리버섯의 쫄깃함은 수많은 버섯 종류 중 으뜸이다. 닭고기와 식감이 비슷해 고기 대용식품으로도 좋다. 독특한 향이 있어 감칠맛 나는 국물 요리에도 좋다.

✽ **'느타리'라고 부르는 까닭**

'느타리'라는 이름은 늦은 가을에 달리는 버섯이라는 의미의 '늦달이'에서 유래하였다.

🌿 **손질 및 보관**

가볍게 물에 흔들어 씻고 끓는 물에 살짝 데친 후 물기를 짜내고, 작은 것은 그대로 사용하고 큰 것은 결대로 찢어서 사용한다. 신선한 생 버섯 상태에서 조리해 먹는 것이 제일 좋고, 단기 보관 시에는 물기를 제거해 랩이나 비닐봉지에 싸서 냉장 보관한다. 끓는 물에 살짝 데쳐서 적당한 크기로 찢고 물기를 꼭 짜서 지퍼 팩 등에 소분해 냉동 보관하면 더 오래 두고 먹을 수 있다. 냉동한 버섯은 자연스럽게 해동 후 조리하는 것이 좋다.

Beech mushroom
만가닥
가닥가닥 담백한 맛

주요 영양성분
단백질, 식이섬유, 비타민 B1, B2, 엽산, 칼륨, 인, 철, 베타글루칸

열량
17kcal | 100g

맛있는 시기
연중

보관
신문지에 싸서 습기를 제거한 후 냉장 보관.

가을철 느릅나무 등의 활엽수 고목이나 그루터기에 다발로 발생한다. 엿가락 같은 버섯대가 많아 '만가닥 버섯'이라고 하며 '느릅나무무리버섯'이라고도 한다(재배기간이 100일 정도 소요되어 '백일송이 버섯'이라는 상품명으로 유통되기도 한다).
만가닥은 단백질과 식이섬유, 비타민 B1, B2, 엽산, 칼륨, 인, 철 등이 풍부하다. 다당 단백질과 식이섬유가 풍부해 콜레스테롤의 배설을 촉진하고 비타민이 풍부해 노화방지 효과가 있다. 베타글루칸 성분이 들어있어 간에 쌓인 독소를 배출하며 항산화 성분도 다량 함유되어 있다.

- 갓 표면색은 회색이나 회갈색 또는 흰색을 띤다
- 살이 하얗고 기둥이 단단하며 버섯 특유의 향이 나는 것이 좋다
- 하나의 덩어리에 수많은 개체가 무리지어 생겨난 형태가 온전한 것을 고른다.

❦ 손질 및 보관

조리 시 잘 부서지기 때문에 밑동을 자른 후 깨끗한 물에 살짝 씻어서 사용한다. 보관할 때는 신문지에 싸서 습기를 없앤 후 냉장 보관한다.

✱ 지나치게 가열하는 것은 금지

만가닥 버섯의 쌉쌀하고 쓴맛은 항산화 성분 때문이며, 지나치게 가열하지 않는 이상 파괴되지 않는다. 조직이 연하고 담백한 맛이 있어 볶음, 전, 튀김, 전골 등 다양한 요리에 활용 가능하다.

Tree ear

목이

양귀비가 즐겨 먹던 버섯

주요 영양성분
젤라틴, 식이섬유, 비타민 D, 철분, 칼슘

열량
13kcal | 100g

맛있는 시기
연중

보관
생 목이버섯: 신문지에 싸서 습기를 제거한 후 냉장 보관.
건 목이버섯: 통풍이 잘 되는 그늘진 곳에 보관.

봄부터 가을까지 활엽수의 죽은 나무에서 무리지어 발생하며, 10여 종이 있으나 흰색과 검은색을 가장 많이 재배한다. 생김새가 귀(ear)와 비슷하여 목이(나무의 귀)라고 하였고, 학명 Auricula 또한 귀라는 뜻이다. 연한 것은 생으로 먹기도 하지만 주로 말린 후에 불려서 이용한다.
목이버섯은 칼로리가 낮고 수분함량이 많으며, 버섯 중 식이섬유를 가장 많이 함유하고 있어 다이어트에 좋다. 목이버섯 특유의 미끈거리는 젤라틴 성분은 부드럽고 쫄깃한 식감을 만들어내고 자양강장, 피부건조예방, 항암효과 등이 있다. 철분과 칼슘, 비타민 D 함량이 높아 빈혈을 예방하고 뼈와 치아를 튼튼하게 한다.

갈라지지 않고 온전한 모양을 한 것을 고른다.

고유의 향이 많이 나는 것이 좋다.

✱ 기름에 볶아 비타민 흡수 UP!

연한 것을 생으로 먹을 수 있으나 주로 말려서 저장해두고 사용한다. 목이버섯초회나 잡채 재료로 쓰이거나 다양한 나물과 곁들여 무쳐먹는다. 장조림이나 볶음요리, 수프 등 중국요리에서 다양하게 사용되는 목이버섯은 기름과 함께 볶으면 비타민의 효능을 극대화하고 체내에 비타민의 흡수를 돕는다. 비슷한 재료로 석이버섯이 있는데, 나무에 기생하고 약간 두꺼운 목이버섯과 달리 바위에 기생하며 두께가 얇다.

❧ 손질 및 보관

요리 전 미지근한 물에 불려두고, 사용할 때는 목이버섯의 줄기를 제거하고 요리한다. 생 목이버섯은 수분이 날아가므로 신문지에 싸서 습기를 제거해 냉장 보관하고, 건 목이버섯은 바람이 잘 통하고 그늘진 곳에서 보관한다.

Button mushroom

양송이

합리적인 가격으로 즐기는 고품격 향미

주요 영양성분
단백질, 비타민 D, 식이섬유, 칼륨, 인, 철, 트립신, 아밀라아제, 프로테아제, 폴리페놀 등

열량
15kcal | 100g

맛있는 시기
연중

보관
신문지에 싸서 습기를 제거한 후 냉장 보관.

동글동글 예쁜 모양새에 뛰어난 맛과 향기로 전 세계에서 즐겨 먹는 버섯이다. 죽은 식물 잔해나 생물체가 분해되어 만들어진 유기물로 영양분을 공급받아 자라는 사물기생균의 일종으로, 갓의 색깔에 따라서 백색, 크림색, 갈색으로 나뉜다.
양송이는 버섯 중에 단백질 함량이 가장 뛰어나고 식이섬유, 비타민 D가 풍부해 혈중의 콜레스테롤을 저하시키는 작용을 한다. 칼륨, 인, 철 등의 무기질도 함유하고 있다. 또 소화효소인 트립신, 아밀라아제, 프로테아제 등이 들어있어 소화기능 개선 도움을 주고, 베타글루틴과 폴리페놀 성분이 풍부해 암세포 증식을 억제하는 항암작용을 한다.

흰 빛깔에 갓이 동글동글하고 줄기가 통통한 것이 좋다

육질이 두껍고 단단하며 탄력이 있는 것이 좋다

갓 주변과 자루를 결합한 피막이 터지지 않은 것을 고른다. 갓의 뒷면을 살펴 검게 변한 것은 피한다.

♣ 손질 및 보관

젖은 면보로 살짝 닦은 후 기둥을 짧게 잘라내고 껍질을 갓 아래쪽에서 위쪽으로 잡아당기듯이 얇게 벗긴다. 보관할 때는 양송이를 손질한 후 키친타월로 물기를 제거하고 신문지에 싸서 냉장 보관한다. 또는 먹기 좋은 크기로 잘라 지퍼 백에 소분하여 냉동 보관하고 해동 없이 바로 요리에 사용한다.

✽ 레몬즙으로 변색을 방지

양송이는 공기에 오래 노출되면 변색되기 쉽고 향이 날아가므로 상온에 오래 두지 않는 것이 좋다. 조리 직전에 썰거나 레몬즙을 뿌려 놓으면 색이 변하는 것을 방지할 수 있다. 특유의 버섯 향이 강하지 않아 스프, 국, 카페, 핑거 푸드 등 반찬과 간식으로 두루 활용된다.

✽ 양송이버섯에 생긴 물의 정체

고기를 구울 때 흔히 볼 수 있는 양송이버섯. 보통 꼭지를 떼고 뒤집어서 굽는데, 굽다 보면 그 안쪽에 물이 생기는 것을 볼 수 있다. 간혹 이 물이 건강에 좋은 것처럼 여겨지는데 사실은 그저 물일 뿐이다. 그러니 이 물을 마시기보다는 양송이를 그대로 섭취하는 것이 더 좋다.

Winter mushroom; Velvet shank

팽이

냉한 사람이나 열이 많은 사람 모두에게 좋은 버섯

주요 영양성분
비타민 B1, B2, 엽산, 칼륨, 인, 철, 식이섬유, 구아닐산

열량
21kcal | 100g

맛있는 시기
연중

보관
포장 채로 또는 신문지에 싸서 냉장 보관.

유럽과 북아메리카에서는 겨울철 야생으로 자라는 탓에 겨울버섯으로 불린다. 일본에서는 에노키(enoki) 버섯으로 불리기도 한다. 자연 상태에서는 활엽수인 팽나무, 느티나무, 뽕나무 등의 죽은 나무 그루터기에서 다발로 발생한다. 우리나라에서는 1980년대부터 인공재배가 시작되었다. 팽이버섯에는 비타민 B1, B2, 엽산 등의 비타민과 칼륨, 인, 철 등의 무기질이 풍부하다. 또 수분과 식이섬유가 풍부해 변비 예방에 도움을 주고, 혈중 콜레스테롤을 낮춰주는 구아닐산 성분이 들어있어 심장병이나 동맥경화 예방에 도움을 준다. 아미노산과 비타민 B는 면역력을 높여주고 피로회복에도 좋다.

전체적으로 탄력이 있고 선명한 순백색이나 크림색을 띤 것을 고른다

갓이 작고 가지런한 것이 좋다

뿌리 부분이 짙은 다갈색으로 변해 있거나 줄기가 가느다란 것은 신선도가 낮다

★ 자연 상태 팽이와는 다르다

야생 팽이의 갓 빛깔은 원래 황갈색, 흑갈색, 백색을 띤다. 그러나 우리가 마켓에서 보는 팽이는 시설 재배한 것으로 상품가치를 높이기 위해 빛이 없는 암실에서 길러 색소를 분비하지 않아 옅은 미색을 띠고 대가 길고 연약하다. 자연 상태의 팽이버섯과는 전혀 다르며, 자연 상태에서의 원래 이름은 팽나무버섯이다.

★ 말려 먹으면 영양기능이 향상

팽이버섯은 손쉽게 구할 수 있는데다가 맛과 영양이 좋아 된장찌개, 버섯전골 등 다양한 요리에 활용된다. 특히 말려 먹으면 식이섬유와 불포화지방산이 리놀산, 비타민 D 같은 유용한 영양 성분들을 더욱 효과적으로 섭취할 수 있다.

❧ 손질 및 보관

비닐봉지로 포장되어 있는 상태에서 누르스름한 밑동을 잘라내고 사용한다. 깨끗이 씻을 경우 특유의 맛과 향, 영양성분이 감소되니 꼭 씻어야 한다면 흐르는 물에 살짝만 씻는다.
보관할 때는 포장을 뜯지 않은 상태로 보관하거나 신문지에 싸서 냉장 보관한다. 손으로 잘게 뜯어 한 번에 쓸 만큼 나눈 후 밀폐용기나 지퍼 백에 넣고 냉동 보관한다.

- 포장된 팽이버섯의 아랫부분을 봉지 채로 잘라주고 팽이버섯 머리 쪽에 남은 공간으로 팽이버섯을 밀어 정리하고 남는 아랫부분을 끈으로 묶어두면 봉지도 아끼고 급할 때 꺼내 쓰기 편리하다.

Black mushroom: Oak mushroom

표고

자연이 내려준 고귀한 선물

주요 영양성분
단백질, 비타민 B1, B2, 니아신, 렌티난, 엘리타데닌, 칼륨, 인, 철, 마그네슘

열량
18kcal | 100g (참나무재배)
31kcal | 100g (배지재배)

맛있는 시기
3~11월

보관
씻지 않고 키친타월 등에 감싸 지퍼 백에 밀봉하여 냉장 보관, 또는 소금물에 데친 후 물기를 제거하여 밀폐용기 등에 담아 냉동 보관.

자연 상태에서 참나무, 밤나무 등의 죽은 활엽수에서 자라며, 맛이 뛰어나 예로부터 한중일 3국에서 즐겨 먹던 버섯이다. 송이, 능이와 함께 3대 버섯으로 취급된다.

표고버섯은 단백질과 칼륨, 인, 철, 마그네슘 등의 무기질, 비타민 B1, B2, 니아신 등이 풍부하다. 특유의 감칠맛은 핵산계 조미료인 구아닐산 등 여러 가지가 복합적으로 작용하여 나타난 결과물이며 향기는 렌치오닌 성분 때문이다. 항암 물질인 렌티난도 함유하고 있어 암에 대한 저항력이나 암의 증식을 억제하면서 면역력을 강화한다. 혈액의 대사를 돕는 엘리타데닌 또한 풍부하여 고혈압이나 콜레스테롤 수치를 내리는 데 도움을 준다.

갓 표면의 균열이 깊고 모양이 꽃송이 같다고 해서 '화고'라고 부르며, 최상급으로 유통된다.

갓 안쪽의 주름이 뭉개지지 않은 것을 고른다.

줄기가 통통하고 짧으며 수분함량이 적어 가벼운 것이 좋다.

갓이 완전히 벌어지지 않고 안쪽으로 약간 오므라든 것을 고른다. 갓 표면이 거북이 등 껍질처럼 균일하게 갈라진 것이 좋다.

❦ 손질 및 보관

생 표고버섯
젖은 행주로 표면의 먼지를 닦아낸 다음 밑동을 떼고 요리 용도에 맞게 잘라 사용한다.

말린 표고버섯
설탕을 조금 넣고 미지근한 물에 불린다. 전자레인지에 살짝 돌리면 빨리 불릴 수 있으며 감칠맛의 성분도 쉽게 달아나지 않는다.

보관 시에는 씻지 않은 그대로 키친타월이나 신문지로 감싸 지퍼 백에 넣은 후 밀봉하여 냉장 보관하거나, 끓는 물에 소금을 조금 넣고 데친 후 버섯을 건져 찬물에 헹구고 물기를 제거한 뒤 밀폐용기나 지퍼 백에 담아 냉동 보관한다. 기둥은 따로 냉동해두었다가 육수를 낼 때 사용하면 좋다. 또 갓과 기둥을 분리해 잘게 썰어 말린 후 보관하면 곰팡이가 생기는 것을 방지하고 오래 보관할 수 있다.

집에서 키우기 좋은
채소 5가지

직접 키워서 더 안심 되는 채소. 비록 마트에서 산 채소보다 크기는 작아도 훨씬 더 풍미가 있고 화학비료나 농약 걱정 없이 안심하고 먹을 수 있다. 넓지 않아도 괜찮은, 베란다에서도 충분히 잘 자라는 채소를 소개한다.

1. 앉은뱅이(왜성) 토마토

다 자란 키가 20cm 정도로 많이 자라지 않고, 열매가 가지 위에 달려 화분에서 키우는 것이 가능해 베란다에서도 관리하기 쉬운 채소다. 여름부터 가을 초까지 수확할 수 있다. 씨앗을 심고 수확하기까지는 약 4개월 정도가 소요된다.

2. 상추

한국인이 가장 사랑하는 쌈 채소 상추는 다른 채소에 비해 키우는 것이 쉽고 여러 번 수확을 해서 먹어도 계속해서 자라는 것이 장점이다. 햇빛이 적당히 잘 들고 바람이 잘 통하는 장소면 어디든 잘 자라 베란다에서 키우기에도 좋다. 배양토와 비료를 적당히 잘 섞어 모종을 심고 흙이 마르지 않게 자주 물을 준다. 파종 후 60일부터 수확이 가능하다.

3. 대파

관리가 쉽고 빠르게 자라 베란다에서 키우기 좋은 채소다. 햇빛이 잘 들고 통풍이 잘 되는 곳, 질 좋은 흙만 있으면 어디서나 잘 자란다. 씨앗부터 심어도 되지만 파를 사서 뿌리가 있는 흰 부분을 뿌리 부분이 완전히 잠길 만큼 물을 넣은 페트병이나 유리병에 담아두면 된다. 일주일 정도 지나면 파에 싹이 나는데 10cm 정도 자라면 흙이 있는 화분으로 옮기고, 흙이 마르지 않게 물을 준다.

4. 콩나물

흙이나 화분이 필요 없이 물만 주면 잘 자라기 때문에 초보자도 쉽게 키울 수 있는 채소다. 짧은 시간에 빠르게 자라 바로바로 수확해 먹는 재미가 있다. 콩나물 콩을 불려 그릇에 옮겨 담고 검정 비닐로 감싸 햇빛이 들어오지 않게 하고, 물은 하루 4~5번 정도 충분히 준다. 일주일 정도 지나면 바로 수확해서 먹을 수 있다.

5. 바질

특유의 향이 매력적인 향신채소 바질. 키우기도 어렵지 않고 수확도 틈틈이 할 수 있으며 파스타나 바질페스토로 요리에 바로 활용할 수 있어 베란다 채소로 인기가 많다. 씨앗을 심고 15일 정도 지나면 발아하고 이후에는 햇빛이 잘 들고 통풍이 잘 드는 곳에 두고 흙이 마르지 않게 물을 준다. 스윗바질, 레몬바질, 시나몬바질, 미니바질 등 종류도 많고 잎 모양이나 향이 조금씩 달라 골라 키우는 재미가 있다.

부록 1

채소의 유통

채소가 자라 식탁에 오르기까지

채소는 어떤 과정을 거쳐 우리 식탁에 올라올까? 유통의 흐름을 파악하는 일은 맛있고 건강한 식사를 하려는 소비자에게도 매우 중요하다.

농산물 유통의 의미
- 채소의 유통은 농산물 유통과 동일하다.

원료 농산물이나 식품이 농가로부터 최종 소비자에게 이전되는 과정에서 이루어지는 모든 경제활동으로, 상품의 운송이나 보관과 같은 물건의 흐름, 자금의 지불과 같은 돈의 흐름, 농산물의 품질과 소비자의 반응과 같은 정보의 흐름을 포함한다.

왜 중요할까?

생산자는 다양한 경제활동과 연관한 합리적인 경영이 필요하고, 이는 소득과 직결된다. 소비자는 농산물의 수요와 공급을 통해 안정적 먹거리를 확보할 수 있다.

농산물 유통의 특성

수많은 생산자와 소비자가 존재하며, 신선도 유지의 문제로 수송, 보관, 판매기간이 짧고, 규격화, 표준화의 어려움도 크다. 또한, 가격대비 중량과 부피가 커서 수송과 보관 비용이 높고 계절과 자연환경의 영향을 많이 받는다. 따라서 높은 유통비용이 발생하고 가격 변동성이 크며 생산지의 가격이 소비자 가격에 즉시 반영되지 않는 어려움이 있다.

유통 경로

농산물 유통경로에는 생산자를 비롯해 생산자단체, 산지유통인, 공판장, 도매상, 대형 유통업체, 소매상 등 다양한 유통주체가 존재한다.

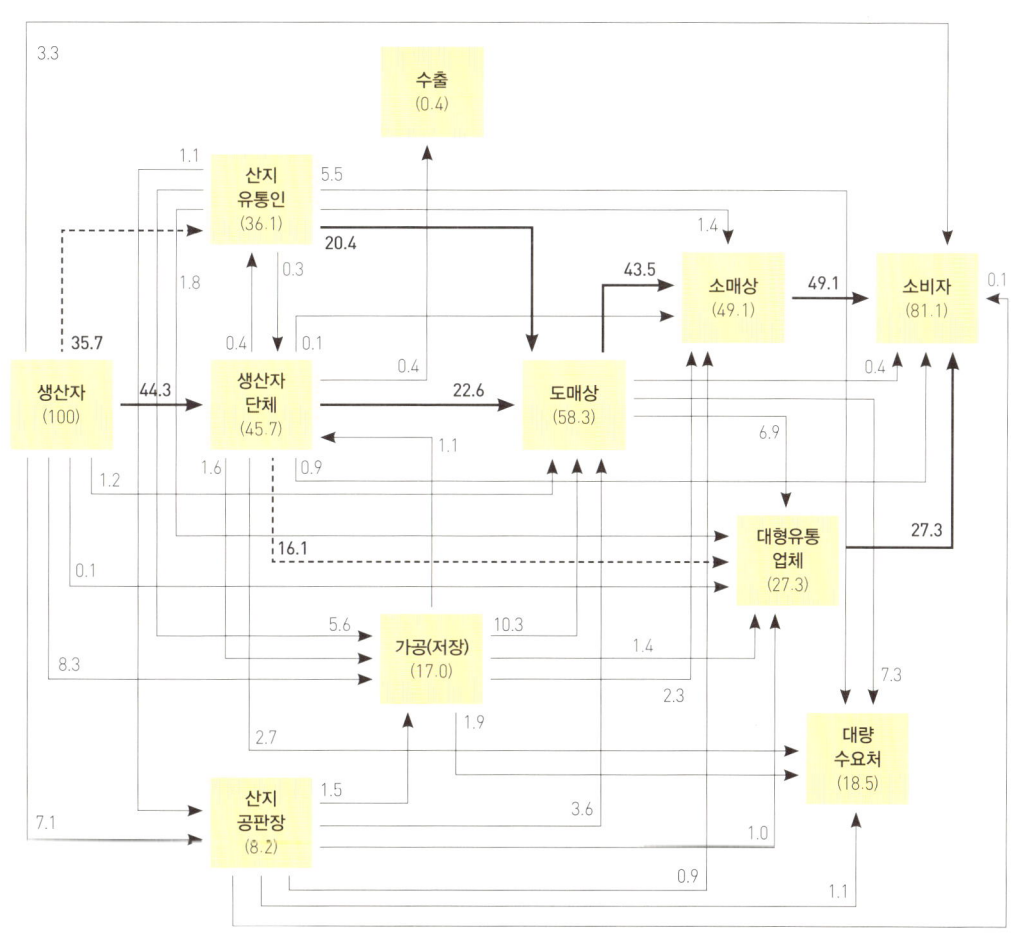

1. 생산자는 모든 생산물(100)을 생산자단체 44.3%, 산지유통인 35.7%, 산지공판장 7.1%, 가공업체 8.3%, 도매상 1.2%, 대형유통업체 0.1%, 소비자에게 3.3% 판매했다.

2. 생산자단체가 산 45.7% 물량은 다시 산지유통인 0.4%, 가공업체 1.6%, 도매상 22.6%, 대형유통업체 16.1%, 소매상 1.0%, 수출 기타 0.4%, 대량수요처 2.7%, 소비자에게 0.9% 판매되었다.

채소의 안전성

건강한 먹거리를 위한 과정

비싸도 건강에 좋은 유기농 채소를 찾는 사람이 많아졌다. 그만큼 건강하고 품질 좋은 식재료에 대한 소비자들의 관심이 높아지고 있다는 뜻. 유통되는 채소는 정말 안심하고 먹어도 되는 걸까?

안정성 확보 소비자를 보호하고 국민들에게 안전한 농산물을 공급하기 위해 생산·유통·판매 단계에서 유해물질 안전성 조사를 통해 부적합 농산물의 시중 유통을 차단하고 있다 (농수산물품질관리법 외 다수의 법률로 정부에서 보호).

안전성 조사대상 생산·유통·판매되는 모든 농산물 품목 특성에 따라 생산·유통·판매 단계로 구분하여 조사한다.

- **생산 단계** 농산물이 출하되기 전에 생산 장소 또는 저장 장소에서 시료 수거
- **유통·판매 단계** 정미소, RPC(미곡종합처리장), APC(산지유통센터), 전통시장(노점상 포함), 직거래 및 전자상거래, 양곡상 등에서 시료 수거
- **인증농산물** 친환경·GAP 인증 등 인증농산물의 생산 및 유통과정 관리를 위한 유해물질 분석
- **기타** 농산물의 생산을 위하여 사용되는 농지·용수·자재 등

조사기관 농산물품질관리원, 시·도 보건환경연구원, 농업기술원, 농산물품질관리원에서 안전성 검사기관으로 지정받은 기관에서 실시한다.

조사대상 유해물질 잔류농약, 중금속, 잔류성 유기오염물질, 병원성 미생물, 생물독소, 방사능핵종, 항생물질 등이다.

부적합 농산물 조치
- **출하연기** 해당 유해물질이 시간이 경과함에 따라 분해·소실되어 일정 기간 후에 식용으로 사용해도 문제가 없다고 판단되는 경우 잔류허용기준 이하로 감소하는 기간을 정하여 고지한다.
- **용도전환** 해당 유해물질이 분해, 소실되는 기간이 길어 식용으로 출하할 수 없으나 사료용 등으로 사용할 수 있다고 판단되는 경우다.
- **폐기** 출가연기나 용도전환을 할 수 없는 경우에는 폐기한다.

채소의 제철 캘린더

		1월	2월	3월	4월	5월	6월	7월	8월	9월	10월	11월	12월
열매채소	가지												
	고추												
	딸기												
	멜론												
	수박												
	숙주												
	여주												
	오이												
	오크라												
	옥수수												
	완두												
	참외												
	콩나물												
	토마토												
	호박												
잎줄기채소	갓												
	고수												
	겨자채												
	근대												
	달래												
	돌나물												
	루콜라												
	마늘												
	머위												
	미나리												
	부추												
	배추												
	상추												
	셀러리												
	시금치												
	신선초												
	쑥갓												
	아스파라거스												
	아욱												
	양배추												
	양파												
	유채												
	엔디브												
	잎들깨												
	청경채												
	케일												
	파												
	파슬리												
	허브채소												

		1월	2월	3월	4월	5월	6월	7월	8월	9월	10월	11월	12월
꽃채소	브로콜리												
	콜리플라워												
뿌리채소	감자												
	고구마												
	당근												
	마												
	무												
	생강												
	연근												
	우엉												
	토란												
산채와 버섯	고들빼기												
	고려엉겅퀴												
	고사리												
	곰취												
	냉이												
	더덕												
	도라지												
	두릅												
	방풍												
	비름												
	산마늘												
	원추리												
	죽순												
	참나물												
	큰느타리												
	느타리												
	만가닥버섯												
	목이												
	양송이												
	팽이												
	표고버섯												

※ **제철채소의 의미**

제철채소의 사전적 의미는 알맞은 시절에 나는 채소이다. 알맞은 시절이라는 것은 농작물이 햇빛과 물, 바람 그리고 영양분을 가지고 자연 상태로 자라거나 번식하는 것을 말한다. 이를 기준으로 한다면 대부분의 채소가 봄 아니면 가을을 제철로 볼 수 있으나 현재의 채소 소비 형태로 볼 때 설득력이 부족한 실정이다. 특히 채소의 경우는 요즈음 제철을 구분하기 어려운 세상이 되었다. 소비자들의 경우 똑같은 채소가 일 년 내내 시장에서 판매되고 있으니 헷갈리기 십상이다. 농업기술이 발달한 이유도 있지만 생산자들은 가급적 빨리 또는 늦게 시장에 출하하여 좋은 가격을 받으려 하고 소비자들은 하루라도 빨리 먹거나 남들이 먹지 않을 때 사시 먹을 수 있다는 욕구가 맞아 떨어진 결과라고 생각된다. 제철의 개념을 무색하게 하는 딸기를 예를 들어 보면 자연 상태에서 재배(노지재배)할 경우 5~7월에 생산되지만 요즈음은 이렇게 재배하여 출하하는 곳은 없다고 볼 수 있다. 시설재배를 통하여 거의 연중 생산되며 주로 12~5월에 소비자의 입맛을 찾아가기 때문에 독자들의 이해를 돕기 위하여 이 시기를 제철로 표시하였다. 또한 고사리와 같이 자연 상태에서 생산되는 채소는 주로 채취하는 시기를 제철로 표시하였다.